スタート・ユア・ビジネス！
起業の夢を実現する26週間

スティーブ・パークス 著
田中延弘／今村 哲 訳

Start your
business!
Week by week

学文社

START YOUR BUSINESS WEEK BY WEEK by Steve Parks.
Copyright ©2005 by Pearson Education Limited All rights reserved.
　Japanese translation rights arranged with Pearson Education Limited in UK through The Asano Agency, Inc. in Tokyo.

目　次

謝　辞……………………………………………………vi
はじめに…………………………………………………ix
この本の使い方…………………………………………xiii
始める前に注意しておきたいこと……………………xviii

第1週：起業用の机を準備しよう………………………　1
　　　　―自分を本気にするために

第2週：あなたの夢を再確認……………………………　12

第3週：あなたの現状を把握しよう……………………　24
　　　　―経済状態・知識・人脈を確認する

第4週：起業に必要な6つの能力を高める……………　44

第5週：ビジネスアイディアを生み出せ………………　60

第6週：幅広い意見を取り入れよう……………………　76

第7週：事業タイプ，事業分野，そして顧客…………　91

第8週：起業チームを作れ………………………………106

第 9 週：販売戦略を作る……………………………113
　　　—文章化が大事

第10週：経営資源の調達 1……………………………123
　　　—事業拠点を選び，設備・備品を調達する

第11週：経営資源の調達 2……………………………132
　　　—人的資源と情報関連装備

第12週：調達先を選ぶ…………………………………146

第13週：競合相手を研究する…………………………155

第14週：事業計画を PESTEC 分析にかける…………160

第15週：収益予想と損益分岐点………………………168

第16週：キャッシュフローを予測する………………185

第17週：事業計画書の完成……………………………201

第18週：事業計画書を投資家へ………………………206

第19週：販売活動開始…………………………………213

第20週：事業資金を集めよう…………………………222
　　　—投資家にあたれ

第21週：会社設立………………………………………231

第22週：役所，銀行，税務関係………………………241
　　　—必要手続きをもれなくすませる

第23週：株式の発行……………………………………249

第24週：未処理事項を片づける………………………255

第25週：開店，開業，感無量…………………………259
　　　　──初めての請求書を送る

第26週：前進，前進，ただ前進………………………266
　　　　──6つの「継続」

訳者あとがき……………………………………………271

謝　　辞

（これは，私にとって最初の出版です．ちょっと気取ってアカデミー賞の受賞者風にやってみます．）

まず何をおいても，私と一緒にレッドグループという会社の起業に参加してくれた仲間たちに，感謝の意を表したいと思います．レッドグループを立ち上げるという経験をしたおかげで，私は，この『スタート・ユア・ビジネス』のような本が，各方面から求められていることに気づきました．どんな内容を盛り込むべきかも理解できました．パム・リード，ジェフ・ウィンダス，デビィ・サンダース，ジョナサン・エルビリッジ，スティーブ・マクダーモット，チャールス・ルイス，ロバート・マッケイ，ジュリアン・ホロックス，ジョン・バーンズ，アンディ・ニコルソンの諸君に，そして，レッドグループ社の大事な顧客の皆様にも，心から感謝申し上げます！

出版を引き受けていただいたピアソン社では，まず，編集のレイチェル・ストック氏に感謝いたします（人を思いきり働かせるのが上手な方ですが，いつも働くことを喜びに変えてくれる方でもあります）．ほかにも，キャサリン・ティモシー，ルーシー・ブラックモア，ジュリー・ナイト，ベンジャミン・ロバーツ，サイモン・ポラードと彼のチーム，グレアム・ヘンリーと彼のチーム，まだまだ大勢の皆さんが本書の制作に加わり，また，せっかくその気になった読者が，書店に行ったが買えなかったということのないよう，抜かりなく手配してくれました．デザインワークスのアンディ・ニュートン氏は，素晴らしい表紙をデザインしてくれました．皆さん，お世話になりました．

謝 辞

　大勢の起業家の皆さんが，時間を割き，知識を共有することをいとわず，取材に協力してくれました．録音したインタビューの内容は，レッドグループ社の『月刊レッドビジネス』で公開し，その一部は本書にも引用しています．ありがとうございました．

　著者行きつけのパブ，ダーラム・オックスの起業家精神溢れるオーナー，そして従業員の皆さん，そちらのパブで出版社と夕食している間にこの本は生まれることになったのですが，あの時の食事と飲み物は素晴らしかったです．満腹とひらめきをいただいたおかげで，その後の執筆の筆も進みました．それから，深夜に執筆する時に，バックグラウンド・ミュージックを流してくれた，ラジオ局BBC 6 ミュージックのジェーン・ガゾ，ありがとう（彼女は，生放送で，「スティーブ，本には絶対ありがとうって書いてよね」と要求したのです．断れると思いますか?!）．

　身近では，まず両親に感謝を捧げます．息子が自分でラジオ局を始めた時，大学を中退した時，自分の事業を起こすといって，BBCでの安全で安定した仕事を辞めてしまった時，いろいろあっても取り乱さずにいてくれた，それだけで感謝です．父は，著者が子どもの頃，よく仕事場へ連れて行ってくれたり，仕事の内容を話してくれたりしました．事業への興味が芽ばえたのはそのおかげです．母は，試験に通るために知識を詰め込む学校的なやり方ではなく，自分で調べ自分で学ぶという学習方法を教えてくれました．

　自著の謝辞で，小学校の先生に感謝を捧げる例はあまりないと思いますが，それでも著者は，わが母校，ケントのドディングストン小学校の先生方にお礼を申し述べたいと思います．その時の励ましの言葉と課外授業が10歳の著者の支えとなり，人生初めての本，『秘密の試

み』を書くことができたからです．

若者がアイディアを実行に移し，実際の事業を始められるように支援する機関，ヤングエンタープライズにもお世話になりました．自分の職業を選ぶにあたり，起業という選択肢があるのだと気づかせてくれる，目からうろこの落ちるような経験ができました．

最後までとっておいた特別の感謝は，わがガールフレンド，アンナ・スメジャードに贈ります．事業の創造にあたっても，本書の執筆にあたっても，限りなく大きな支えと勇気をくれたことに．

はじめに

　皆さん，この本を読もうということは，起業を考えているわけですね？　素晴らしいことです．これで，あなたが，わが国でもっとも重要な人物のひとりになる可能性が生まれました．なぜって，起業家とは，人々の働く機会を増やし，新しい製品やサービスを生み出し，地域社会のために貢献する，そんな人々なのですから．少しでも良い世の中を作ろうとする人々なのですから．

　事業を始めるということは，人生においてもっとも魅力的で，もっとも実りの多い挑戦のひとつです．それにしては，これまで，ほんの一握りの人々しか挑戦したことがないという事実には，驚かざるを得ません．ある統計によると，1,000人が働いている企業では，平均390人が「独立して事業を起こす機会はある」と考えています．では，このうち何人が実際に起業という行動をとるでしょうか？　50人？　60人？　とんでもありません．起業家への道をたどるのは，たった3人なのです．

　どうしてこんなに少ないのかといえば，それは，多くの人びとが，事業家にはそれに適したタイプがあると思い込んで，自分はとてもそんな柄じゃないよと，初めから尻込みしてしまうからです．運や両親に恵まれ，それにふさわしい教育も受けて初めてできることだと考えるのです．そんなことはまったくありません．でも，いくら著者がそう言っても，まだ，自分で事業をやるなんて危なすぎると，ほとんどの人は言うでしょうね．それよりは，大企業で「安全で安定した」仕事を続けていたいと．

著者は，自分で事業を始めて6年になります．その間，大企業で「安全で安定した」立場にあったはずの友人のうち，驚くほど多くの人数が解雇を経験しています．2度解雇された者もいます．ひとりは，「安全で安定した」大きな勤務先が破綻したために，「安全で安定した」年金の権利まで失ってしまいました．ほかにも，やりがいのある仕事に恵まれず，あるいは良い上司に恵まれず，何度も転職を繰り返した友人もいます．

　その間，著者の方は，「危険で不安定な」自分の事業経営という状況を，もう6年も，変わることなく続けています．友人で，ガジェットショップという会社を創業したジョナサン・エルビリッジは，もう12年以上も，彼の「危険で不安定な」事業を守っています．一方，彼が以前「安全で安定した」立場の従業員だった電話会社は，つい最近も何回目かの人員削減を実施したところです．著者の友人には，長い間夢見ていた事業を実現し，それを何年も維持，発展させている起業家が，ほかにも大勢います．本書では，そのうちの何人かを，読者に紹介する予定です．

　実のところ，起業することはそんなにむずかしいことではありません．いつ，何を行なうべきかの基本さえ，しっかり理解しておけばよいのです．本書は，その基本に関する本です．著者が事業を作り上げてきた道は，失敗の山で埋もれています．友人の起業家の場合も大差ありません．本書のようなガイドブックがなかったのです．もし今，再度新事業の立ち上げに挑戦するとしたら，前回よりもずっと短時間で，ずっと少ないストレスで，ずっと大きな成功を達成できるに違いありません！

　自分のアイディアを新しい事業に育てることができるかどうか試そうとする，そんなあなたの努力をお手伝いするのが本書の目的です．新事業の立ち上げを凧揚げにたとえていえば，凧揚げに十分な強さの

風は吹いているか,風の方向はどうか,そもそも,あなたは本当に凧揚げがしたいのか,それらを,本書を読みながら自分で確かめてください.まず凧揚げです.高価な飛行機はそのあとです.

　本書は,起業におけるあなたの時間的な負担とストレスを大幅に改善するはずですが,あなたの努力が基本であることは変わりません.現在,正規の業務を持ち,日中働いている人の場合には,なおさら厳しい努力が求められます.友人たちがパブで楽しんでいる時間も,あなたには起業準備の作業があります.続けることのむずかしさは並大抵ではないでしょうが,現在の時間を将来の夢のために投資しているのだと思ってください.5年後,友人たちは,相変わらず週5日,午前9時から午後5時まで働き,年間休暇は4週間という生活でしょう.給料も以前と大差なく,意見を聞いてくれる上司には恵まれず,結局,いつまでも同じような人生が続くのです.一方,起業家としてのあなたの人生は,自分で責任を持ち,自分が望むように作っていけるものです.年10週間の休暇? 週4日労働? 100万ポンド(約2億円)の年収? 自分のアイディアを上司の許可なく実行できる環境? あなたの力がすべてを決めるという人生です.

　もし君が,自分に厳しく努力を重ね,
　他人が疑うわが身を信じ,ひらめき走れば心をゆだね,
　もし君が,交渉事には誠意で臨み,
　到底無理かと見えても倦まず,たゆまず力を尽せるならば,
　もし君に,こうしたすべてが楽しみとなり,心が弾めば夢さえ近い.
　さらにも加えて友よ,これこそ起業家への道,君の行く道.

(恐縮ですが,文豪ラディヤード・キップリングの詩,「もし」を下

敷きにしました.）

　最後に，カナダにいる著者の友人を紹介します．マイケル・セントオンジというロケットモーターの上級コンサルタントで，文字通りロケット・サイエンティストです．推進装置，精密照準爆弾，そのほか複雑なロケットモーター類の設計が仕事です．彼は本書にざっと目を通してこう言いました．「高等な科学知識は必要なさそうだね.」そうです，あなたの手に負えないことは何もないのです．

この本の使い方

　この本は，現在は会社などに勤務しているが，いつかは自分で事業を始めたいと思っている人のために書かれています．本書の各章に掲げた起業準備作業の内容は，そうしたあまり時間が自由にならない人でも１週間で完了できるような内容になっています．全部で26章，つまりほぼ６か月で，準備から事業の立ち上げまでの全行程をやり遂げようという計画です．

　もし現在仕事を持っていない読者なら，各章に掲げた１週間分の準備作業を，頑張って２日間で仕上げてしまうことも可能でしょう．もっとも外部のさまざまな関係者，たとえば銀行，会計士，税務署などとの調整のため，多少待たされる時間が生じるかもしれません．逆に，現在の仕事が大変忙しく，残業も多いという読者の場合には，各章の準備作業が１週間で終わらないことも考えられます．そんな時は52週で完了すること，つまり１年後の開業を目指せばよいでしょう．どのくらいの速度で進行させるかは，読者ひとりひとりの自由で構いません．

　本書の各章の構成は，以下の通りとなっています．章によっては，一部の項目を省略しています．

今週の要点

　今週あなたが取り組むべき起業活動の範囲を，要約して示しています．各章を読み始める前に，この項目だけ早めに目を通しておくことをお勧めします．翌週，翌々週に何をやるかを前もって理解できるからです．

本　文
今週の作業の詳細はもちろん，なぜそれらが重要なのか，どう取り組んでいったらよいのかを説明します．

起業家の言葉
成功した起業家が新規開業を目指す時期に行なったことや，学んだ教訓を語る欄です．まさにスタートしたばかりという起業家の話もあり，彼らの経験を分かち合うことができます．

今週の活動一覧
今週あなたが取り組むべき活動を，再度整理し，まとめた一覧表です．

連絡先
今週，あなたはどんな人や機関などと連絡をとるべきか，その相手先を掲げました．

役立つ情報源
さらに，情報を必要とする場合に参照すべき書籍，ウェブサイト，その他の関連情報入手先を記載しました．

今週の重要用語
今週のあなたの準備作業に関係のある金融用語や法律用語などを解説しています．

各章の作業は，標準的には1週間分と想定されています．読者には1週間を日曜日から始めるようお勧めします．日曜日は，余裕を持っ

て各章の内容をよく読み，その週の予定を設定するのに好都合だからです．月曜日から金曜日までは，会社などの仕事が終わったあとに，その週の準備作業のほとんどを処理します．そして土曜日はまとめと仕上げに最適です．たまには頑張ったあとの一杯にも行けるでしょう．

起業家エマと一緒に頑張りましょう

この本では架空の起業家エマが登場します．彼女が自分の事業をだんだんと立ち上げていく過程を見ながら，読者はきっと，この本が紹介する起業のポイントをどうやってあなた自身の事業の立ち上げに応用したらよいかを，わかりやすく学ぶことができるはずです．

エマを紹介しましょう．イギリスのリーズという都会に住む２７歳の女性，もともとはコーンウォール地方の小さな村の出身ですが，リーズの大学に進学し，そこで就職して，そのまま住み着きました．現在の仕事は金融サービスを提供する会社のマーケティング担当であり，良い収入を得ています．入社以来２度の昇進も経験しましたが，最近ちょっと仕事に飽き気味といったところです．エマは直接顧客と会うことはありません．会社の販売するサービスは，エマにはそんなに優れているとも思えないのですが，そうかといって自分の提案を試す機会もまったく与えられません．会社は大会社であり，余計なことはせず，ただ単純な仕事に専念するのがよいとされています．

エマは毎週金曜日の夜，大学時代の友人数人と近くのバーで会って，飲んでおしゃべりを楽しむことにしているのですが，最近，彼女がだんだん仕事に魅力を感じなくなってきている様子を見て，友人たちは，今の会社を辞めて自分で事業を始めることを勧めています．

本書では，新規開業までの重要な場面で，エマが何をするかを紹介していきます．希望する読者は，彼女のより詳細な行動をウェブサイトでも見ることができます．そこでは起業の過程で必要になる各種の

提出書類や，彼女が出した手紙，受け取った手紙，毎週彼女はどんな「今週の活動一覧」を作成したかなどを示しています．それらの書類や手紙，一覧表などは，そのままあなたの起業準備に応用してもらって構いません．

「フライングスタートアップ」のウェブサイト案内

本書は，著者が「フライングスタートアップ」という名前で世に送り出している，さまざまな教材のひとつです．ウェブサイト www.flyingstartups.com と連動しており，そこでも，起業準備の各段階に関連する情報を読むことができます．このサイトにはフォーラムも開設されており，専門家の助言を聞いたり，質問をしたりできます．専門家と起業家と著者，この3者が，パイロットとなり，地上係員となってフォーラムを運営し，できるだけ多くの質問に答えます．フォーラムは，一般の参加者が相互に自分の経験を話し合い，アイディアを語り合い，連絡先を交換するためにも使えます．

ウェブサイト上では，チャットはもちろん，時々は起業家の生出演もあります．また，申し込めば，週間ニュースレターで，事業案のヒント，重要な連絡先，事例研究などが送られてきます．すべて，あなたの起業が少しでも円滑に進むための，著者からのサポートです．

記録を残そう

著者のウェブサイトの特徴は，あなたの起業過程が記録に残されるということです．のちに起業に成功したあなたが，それまでの事業の浮き沈みを振り返り，成功の原因となった重要な意思決定を分析し，失敗を笑い飛ばすことができるとしたら，考えただけでも素晴らしいことではありませんか．そのために，この記録は役立ちます．将来，大起業家であるあなたの伝記を書く作家にも，大いに喜ばれるはずで

す！ www.flyingstartups.com でユーザーアカウントを開設して，「パイロット日誌」（サイト名にちなんで名付けられました）というメニューを選んでください．あなたの活動日誌が作成されます．

「自分流」が起業家の醍醐味

人には皆個性があります．著者は，起業に必要ないくつかの原則を説いて，そこに読者をはめ込もうとは考えていません．本書はあくまでもガイドブックです．成功への秘密の方程式は示していません．本書のもとになったものは，起業家や助言者の経験です（それらはおのずから限られたものです）．すべてを本書通りに，書かれた順序で行なう必要はありません．たとえ脇道にそれても，順序を変えても，一部を無視しても，なお，あなたの事業が大成功する可能性は大いにあるのです．

この本は実践的起業ガイドです．忙しい中で起業を志す読者が，雑事に時間を取られることなく，本来の起業準備作業に集中できるように，連絡先の電話番号，ウェブサイト，お勧めする製品やサービス，その他の役立つ情報源などを，きめ細かく示しています．あとは，あなたが「スタート・ユア・ビジネス」に専念する番です．

始める前に注意しておきたいこと

すぐお金になるという儲け話について

手軽な儲け話なんてありません．そんな話が来たら無視すべきです．そんな話は大体が，多くの友人を巻き込んで，訳のわからない取引の契約を結ばせ，いやな思いをさせて，代わりにあなたが得るものはほんのわずかな報酬だけというようなものです．本当は欲しくもない商品を売りつけられた相手は，友人であるあなたに頼まれて，やむを得ず買っているのです．

そんなことをしていると，だんだん暇な時間が増えるという結果になります．友人が皆，何かまた売りつけられると思ってあなたを避けるようになるからです．いい加減な儲け話で友人を失うことのないようにしましょう．本当の富は，あなた自身の仕事への懸命な取り組みと，優れた着想が生み出すものです．起業家たるもの，事業の利益は，自分の努力と，創造性と，不確実性への挑戦の報酬だということを知るべきです．成功にたどり着く近道はありません．

もうひとつ，著者が多数の成功を遂げた起業家と話して気づいたことがあります．それは，彼らはただ金儲けがしたくて事業に乗り出したわけではないということです．それよりも，自分の夢や，ある問題に対して，自分がそれを解決しなければという強い執着を持つことや，あるいは，とにかく何かを達成して自分の能力を見せつけようという気持ちなどが動機になっていることが多いのです．

誠実さの重要性

起業家の中には，怪しげな取引や他人につけ込むことによってお金を稼いだ者もいますが，彼らのほとんどは不幸な人生を送っています．

インチキは見つかってしまうものですし，そうでなくても，当人が，このお金は正当に稼いだお金ではないと意識しながら生きていかねばならないからです．正直に，絶対に他人を裏切らずに資産を築いた人たちだけが，お金持ちになった幸せを心から感じているのです．繰り返しますが，成功にたどり着く近道はありません．

あなたが自分の事業を始める時，倫理的な姿勢を守ることが成功から得られる満足度を大きくします．つまり，現在の勤務先で，上司などの目を盗んで，勤務時間を自分の事業の準備にあてたり，職場の施設，備品などを使ったりしてはならないということです．自分がもし上司の立場だったら，自分の部下が，会社の時間や備品（電話，ファックス，インターネット，切手など）を勝手に使って，転職先を探したり，起業の準備をしたりするのを見ることほど不愉快なことはないはずです．何はともあれ，勤務先を辞める時は，君がいなくなるのは残念だよと言われるのが一番で，出ていってくれてよかったでは先が思いやられます．

政府の規制などを言い訳に使うな

起業の準備をしていると，政府の規制が問題だという記事を見かけます．規制反対の声や組織的な宣伝活動を，目にし，耳にすることもあるでしょう．政府のお役所的な諸規制は，事業を起こそうとする人にとっていかに大きな問題であるかを，こういう人たちは指摘しています．

しかし，著者は，そんな意見は「たわごと」だと断言します．実際に成功している起業家に会って話を聞いてみたらわかりますが，彼らは規制などほとんど気にしていないのです．起業家は皆，規制に関係する問題を解決してくれるためにこそ優秀な専門家である会計士や弁護士が存在するのだと考えます．そして，自分は顧客サービスと販売

促進にできる限りの時間を使うべきだという自覚を持っています．万一，自分の事業がうまくいかない状況になったとしても，その責任の行き着くところは自分であり，政府や，欧州連合（EU）のような国際機関や，ほかの誰でもないということも理解しています．

規制がけしからんと不平を言うのは，旧式で活気のない経営を行なっている，古くて成長力のない会社の経営者と決まっています．彼らは誰か責任を転嫁する先が欲しいのです．しかし，こんな人たちほど，自分の年金が減らされそうになったり，家を購入する際に価格が高くなりそうになると，不思議なことに，政府はもっと規制すべきだと言い出すのです．

どんな文明社会でも規則と規制は必要です．イギリス政府の規制は，それが何党の政府であっても当然の規制ばかりだと著者には思われます．実際，もし事業を起こす準備に入ったら，規制よりずっと重要な問題にたくさん直面することになるのです．

ここで言いたかったことは，自分の事業の問題を他人のせいにするなということです．真の起業家は，事業の立ち上げや運営に何が起ころうとも，それは100パーセント自分の責任に帰するものだということを理解しているものです．言い訳は一切なしにしましょう．

楽しもう

起業するということは，あなたのさまざまな経験の中でも，もっとも心躍る，そして困難は多いが得るものも大きいことのひとつになるはずです．さあ，楽しみながらやっていきましょう．

第1週：起業用の机を準備しよう
―自分を本気にするために

> 今週の要点
> 1. 今後何週間も起業準備をするためには，自分の仕事用の場所が必要になる．家の中に専用の部屋か専用の机を用意する．
> 2. 事務用品を買い揃える．
> 3. パソコンを設置する．
> 4. 地元自治体などの起業支援制度を調べる．

　これから自分で仕事をしようというのなら，まず仕事場が必要です．
　家の中で，ほかの生活とは区別して，仕事をするためだけの場所を確保しましょう．空いている部屋，書斎などがあれば理想的ですが，それが無理であれば，どこか部屋の隅に，起業の準備だけに使う机かテーブルを用意しましょう．これから取り掛かる準備作業のためにいつでも使える場所があれば，そこであなたは，ほかのことから気持ちを切り替えることができ，仕事モードになれるのです．
　社長が座るような立派な机は不要です．表面が平らなものなら何でもよいのです．ジェフ・ベゾスがアマゾンを始めた時，安い扉1枚と4本の棒で，自分で机を組み立てた話は有名です．それが大きな障害になったという話は聞きません．
　さあ，自分の仕事場が確保できましたね．次に揃えるのは事務用品です．必要と思われる事務用品の一覧をこの章の末尾に掲げました．役立ててください．もちろん，これ以外にも，自分の好きなものを自

由に買って構いません．これからはあなたがボスなのですから．買い方は，近所の文具店へ出かけていっても，末尾に示したインターネット・ショップ経由でもよいのですが，できれば地元の商店を使うことをお勧めします．あなた自身がすぐに地元の支援を必要とするようになるのですから，あなたもなるべく地元の商店を応援すべきです．

　ここで，著者からの注意事項をひとつ聞いておいてください．事務用品に凝るとやめられなくなります．少し買うともっと欲しくなります．事務用品購入癖から抜けられなくなった人を，著者は何人も知っています．彼らは，純白のレポート用紙や真新しいボールペンが，次から次へと欲しくなるのです．もうひとつあのリング式ファイルさえ買えば，もっと気分がよくなるに違いない，そう思ってしまうのです．夢中になりすぎると経費がかさみます．誘惑は断固はねつけましょう．

情報機器

　パソコン，インターネット，プリンターを備えましょう．これから事業の構想を練り，それを実現していく過程では，インターネットで必要な情報を集め，自分で手紙を印刷し，eメールで連絡を取り合うことがどんなに便利か，知ることになるでしょう．パソコンがあれば，のちに事業が立ち上がった時点で，簡単に使える市販のソフトウェアを使って会計処理を行なうこともできます．

　すでにパソコンを持っている場合は，それを，準備作業の仕事場と決めた場所に移しましょう．まだ持っていないが，今はパソコンにお金を使いたくないということもあるでしょう．しかし，心配はいりません．何とか，借りたりもらったりする手立てがあるものです．

　まず，友人や家族が新機種に買い換えようとしていないか，聞いてみましょう．安く譲ってくれるか，捨てる手間が助かるとばかり，無料でくれる場合もあると思います．これが一番理想的です．当面は，

文書作成機能（ワードなど）と，インターネットとeメール（この場合はモデムが必要です）さえ使えればよいのです．

ただのパソコンが入手できない場合は，誰か，週末の1日だけ使わせてくれる人でも探すことはできませんか？　さらにほかの手段としては，インターネットカフェへ行くという方法もありますね．また最近では，ほとんどの公共図書館がインターネットに接続しており，プリンターを備えています．地域センターや，郊外であれば移動図書館なども同様の設備を持っているものがあります．

新しいパソコンを買うことに決めた人も，通常の事務的業務を行なうだけであれば，最初はごく一般的な機種で十分です．本当に事業で必要になるという確信がない限り，販売店の店員にくどかれて高いものを買うことのないようにしましょう．ほとんどのパソコンには，販売時点ですでにワープロ用ソフトウェアと，いくつかの事務処理用ソフトウェアが装備されていますが，もしも少しでもパソコンになじんだ人であれば（あるいはそんな人を知っていれば），ソフトウェアなしのものを安く買ってきて，無料の公開ソフトウェアを見つけてインストールするということもできます．この章の最後に，「役立つ情報源」として，よりくわしい案内を載せてありますので，参照してください．

本書執筆時点でのパソコン（初歩的な機種）の価格は，以下の通りです（イギリス国内価格）．

- デルコンピューターで購入した場合：デル2400ホームオフィス・ソリューション……499ポンド（日本円で約10万円）
- 大型コンピューターショップのPCワールドで購入した場合：コンパック（現HPコンパック）SR1129……699ポンド（約14万円）

著者個人は，デルコンピューター製も，コンパック製も，ヒューレット・パッカード製も，使ったあとは良い印象を持ちました．もちろんもっと安いパソコンもあり，それらも使ってみましたが，いろいろ問題が起きて，節約したお金以上の苦労をした感じです．
　ここで，パソコンを購入する際の注意点を何点かあげておきましょう．

1．デスクトップの場合，販売店によっては，モニターを含まない価格を提示していることがあります．モニターは，本来オプションとすべきものではないはずであり，買う時にキーボードを叩いてみれば，画面がないのに気づくことができます．
2．メールオーダー，インターネットなどで調べると，消費税と配達費用を含まない価格を提示していることがあるので注意してください．
3．保証内容，補修と修理の条件を確認しましょう．不具合が生じたときのサポート体制もよく調べます．販売業者によっては電話による指示だけというところがあるので注意してください．

　プリンターも必要です．印字の品質が良いレーザープリンターはかなり高価ですから，当面はインクジェットプリンターで十分でしょう．価格は70ポンド（約1万4,000円）から150ポンド（約3万円）といったところでしょう．
　次に，パソコンをインターネットに接続する必要があります．インターネット接続業者（サービスプロバイダー）のCD-ROMを利用しましょう．主なスーパーマーケット，パソコンショップ，そのほかの店でも売っています．国内電話の番号から無料で受けられる接続サービスがあれば，それを利用すべきです．それ以外では，使い放題の契

約で1か月14.99ポンド（約3,000円）ほどかかるでしょう．ブロードバンドが使えれば素晴らしいですが，すでに導入しているか，これから導入できる余裕のある人はともかく，あなたの起業準備には，当面は必需品というほどではないでしょう．

このほか，事業が始まったらファックスが必要になるかもしれませんが，それも，もう少しあとで決めましょう．起業準備の過程には，なくても済みます．

仕事場利用の心得

- 今後，仕事に使うと思われる事務用品などは，仕事場と決めた場所の近くに集めましょう．ものを探すたびに立ち上がって，家の中を歩き回るのは非効率です．
- あなたの机は仕事用であり，何か便利にものを置く場所ではないことを，家族全員に徹底し，理解させましょう．さもないと，どこからか家族のものが集まってきて，あなたは仕事に取り掛かる前に，いつも机の片づけに時間を費やさなければならない羽目に陥ります．
- 1日の作業が終わったら，必ず終えた仕事を整理しておきましょう．さもないと，続きの仕事に取り掛かるのがだんだん億劫になってきて，挫折の原因になります．
- 1週間分の準備作業が終わって区切りがついたら，なし終えた仕事の記憶がまだ新鮮なうちに，次の章の「今週の活動一覧」を読んで，次週は何をやるかを考えておきましょう．次の段階に進むのが楽になります．

地元自治体等の起業支援制度を調べよう

著者の住むイングランドには各種の起業支援制度があり，「ビジネ

スリンク」という組織が，関連する情報を一括して提供する，ワンストップサービスを提供しています．イギリスの中でもウェールズにはビジネスアイ，スコットランドにはビジネスゲートウェイと，違う名称の組織があります．北アイルランドはノーザンアイルランド・エンタープライズと，わかりやすい名称です．

名称は何であれ，公的支援組織の役割は，起業しようとする人々を勇気づけ，支援することです．あなたの地元にも起業支援制度があるでしょうから，ウェブサイトや電話帳で内容や連絡先を調べ，記録しておきましょう．準備の過程で，遠からず，連絡や問い合わせが必要になります．個々の支援制度に関する情報をまとめて入手できる窓口もあるはずです．

本書では，煩雑さを避けるため，ビジネスリンクという言葉で，これらすべてのサービス機関を代表させています．

各章にざっと目を通してください

今週を終えるにあたり，本書にひと通り目を通すことをお勧めします．これから各週にどんな準備作業が待ち受けているのかを知ることは，有益だと思います．推薦図書を早めに知り，入手して読んでおくことも可能になります．

起業家の言葉

★ 「私の最初の仕事場は，ほかの人と共同で借りていた家の階段の踊り場だった．こちらがあまりに夜遅くまで働いているので，目の前の部屋の住人からはよく嫌がられた．買ったのは安物のコンピュータと電話，それにペンケースだけ．私の事業の立ち上げ

> 費用はそれだけだった.」(トレントン・モス……イギリスの,ウェブサイト設計に関する一流コンサルティング会社,「ウェブクレディブル」創業者.同社は,今でこそガーディアン紙(新聞)やNHS(国民健康保険制度)といった一流の顧客を持ち,料金も高めの設定となっているが,当初は創業者ひとりのだけ会社だった.)

今週の活動一覧

1. 家の中に静かな場所を探す.
2. 必要な事務用品類を買いに出かける.
3. 確保した場所を仕事場らしくする.
4. パソコンを入手する.
5. 地元の起業支援機関について,連絡先を調査する.
6. これから先の作業に備える.

連絡先

- コンピューター購入先
  ① デルコンピューター (Dell computers):www.dell.co.uk または電話 0870-152-4699
  ② PCワールド (PC World):www.pcworld.co.uk または近くのPCワールドの店舗

- 事務用品購入先

  下記の連絡先は,電話やインターネットで注文を受けてくれる.しかしこれらは,あくまでも時間がなくて文具店や事務用品店まで行けない人のための案内であり,できる限り地元の商店を利用する方がよ

い．
① ニート・アイディアズ（Neat Ideas）：www.neat-ideas.com
電話：0800-500-192
② バイキング・ダイレクト（Viking direct）：
www.viking-direct.co.uk　電話：0800-424-445
③ オフィス・ワールド（Office World）：
www.office-world.co.uk　電話：0800-138-1310
④ ステイプルズ（Staples）：www.staples.co.uk
電話：0800-692-9292

● 起業支援組織
① ビジネスリンク（イングランド）（Business Link）：
www.businesslink.gov.uk
② ビジネスゲートウェイ（スコットランド）（Business Gateway）：
www.bgateway.com
③ ビジネスアイ（ウェールズ）（Business Eye）：
www.businesseye.org
④ エンタープライズ・ノーザンアイルランド（北アイルランド）
（Enterprise Northern Ireland）：www.enterpriseni.com

役立つ情報源

　古いパソコンを譲り受けたためソフトウェアが旧式であったり，ソフトウェアを装備していないパソコンを安く買ったりした場合，無料公開ソフトウェアが役立つ．オープン・オフィス（Open Office：www.openoffice.org）がその一例．

　オープンオフィスは，マイクロソフト・オフィスと極めて類似した，互換性もある無料（そうです，ただです）のソフトウェア．上記ウェ

ブサイトからダウンロードが可能．インストールは案内にしたがって簡単にできる．ただし技術サポートは，同じソフトウェアを使っている専門的知識のある人で，協力してくれる人を，インターネットのフォーラムの場で探す必要がある．

なお，著者のウェブサイト（www.flyingstartups.com/resources/software）で，読者に役立つソフトウェアの最新版（無料公開ソフトウェアも含まれている）を一覧できる．

今週の重要用語

「無料公開ソフトウェア」：オープンソース・ソフトウェアともいう．オープンソースとは，プログラマーが無償で開発に協力することを意味し，開発の成果は無料で（有料の場合もある）提供される．ソフトウェア開発会社が，専門家でないユーザー向けに単純化したソフトウェアもあり，これらは有料（しかし低価格）となっている．

「モデム」：電話回線や各種のブロードバンド可能な回線を通じて，あなたのパソコンをインターネットに接続するために設置する電子機器．パソコンに内蔵されている場合と，外付けする場合とがある．

「インターネット接続業者」：インターネット・サービスプロバイダー（ISP）ともいう．電話回線などを通じて呼び出すと，あなたのパソコンをインターネットに接続してくれる業者．料金は電話料金に含まれる場合と，別途接続料として請求される場合とがある．イギリスでは，ほとんどの大手スーパーマーケットでISP用のCD-ROMを販売しており，それをパソコンに挿入することにより，ダイヤルする番号などの設定ができる．

「ブロードバンド」：標準的なインターネット接続業者のサービスでは，電話回線を通じてインターネットへの接続を行なうため，通信容量は秒あたり56キロバイト程度である．これに対し，ブロードバンドは，多くの場合，通常の電話回線を利用しつつ新機能を付加したものであり，利用には，毎月一定の料金が請求される．その代わり，通信容量は秒あたり512キロバイトとなり，通信速度は約10倍に向上する．

今週の標語
最初の顧客は誰にする？

仕事場を作るのに必要な事務用品リスト

- 机かテーブル．
- 電気スタンド．夜遅くまで仕事をしても目を疲れさせない良いものを選ぶ．
- 電卓．
- ホッチキス．
- 穴あけパンチ．
- クリップ（ゼムピン）．
- 書類綴じ込み用のＡ４版リング式ファイル６個．
- 雑誌整理用の段ボール製ケース．
- 書棚（机の近くに移動しておく）．
- 電話．これからの事業専用に携帯電話を１台．必要なら，あなたの机用に固定電話の回線を１本増設する．
- レポート用紙．
- 印刷用紙．500枚入りを２包．
- 貼ってはがせる黄色のメモ用紙．
- ボールペンをたくさん．ボールペンは，いつの間にか勝手にどこ

かへ行ってしまうので，安いものを大きな箱で買っておくとよい．
- プロらしく見える封筒．Ａ４版の用紙をそのまま入れるＣ４サイズと，２つ折りで入れるＣ５サイズ．窓付封筒も用意しよう．
- 掲示板．机に座ったまま貼ったものを読めるように，大きな紙を貼れる大型のものがよい．ピンも忘れないこと．
- 住所録．これから始める事業上の関係先を記入していく．カード式で整理してもよい．
- 起業準備の予定を書き込んでいく日記帳．

第2週：あなたの夢を再確認

> 今週の要点
> 1. 人生の意味，宇宙の意味，万物の意味を考えてみる．
> 2. 1週間でそれしかやらないのかと思うだろうか？　でも，本当は1週間でも足りないのでは？

　あなたは事業を始めようと考えています．素晴らしいことです．もっと素晴らしいのは，次の段階に進んで，自分の考えを実行に移し始めていることです．そこまで進む人は多くないのです．

　さて，起業家であれば，自分の選んだ業種で世界を制覇しようというくらい大きな夢を持って出発するでしょうが，その前に，あなたを1週間ほど引き止めたいと思います．

　もちろん，すぐにでも電話を取って取引の話をする，顧客と会って製品を販売する，事業を始める人にはそれが何より大事だということはわかっています．それはどんどん進めてください．しかし同時に，考える時間も必要です．今週はそのような時間にしましょう．

何を考えるのか？

　人生の意味って何でしょう？　あなたにとっての意味です．人類一般のことはさておきましょう．持ち時間は1週間しかないのです．

　あなたは，5年後どのような状況にいたいですか？　10年後は？　そして仕事から引退する時は？　その時の生活は？　精神状態は？　どこで誰と暮らしていますか？　住んでいるのはどんな家でしょう

か？　お金の心配は？　自分の時間はどう過ごしていますか？

　今週は，あなたの心を自由に遊ばせて，あなたの夢は何であるかを考える週にしてみましょう．これから，せっかく自分の事業を始めるために努力を注ぎ込むのですから，その努力は，あなたを，本当の夢の実現に向かって導いてくれなければなりません．ということは，本当は何をやりたいのか，何になりたいのか，自分の夢を具体的に認識しなければならないということです．すでに将来の夢をたくさん膨らませているとは思いますが，それらを絞り込んでください．

その方法：夢想する

　今週は，あらゆる機会をとらえて夢想にふけることをお勧めします．昔，学校や職場ではそんなことは禁止でしたね．でも，ぼんやりと，いろいろな夢に酔うことは非常に有益な方法で，これまで世界中の多くの偉大な思索家が，夢想することで驚くべき着想や独創を得ているのです．日中，ちょっとした時間にほんの数分間，自分の心をとりとめもなく遊ばせることは，いくらでもできるはずです．たとえば朝のシャワー中，朝食の時，通勤の電車やバスや車の中，職場での昼休み，エスカレーターやエレベーターに乗っている時などです．ただし，上司と一緒の会議に出ている時と，恋人と親密な時間を過ごしている時はやめておきましょう．あとで面倒なことになるでしょう．

夢想：何の夢を見るか？

　こんなことを思い描いてください．今から正確に5年後のある朝です．あなたは家のベッドで目を覚まし，背伸びをして，周囲を見まわします．

　あなたの家は世界のどこにあるでしょうか？　部屋の様子はどんな感じですか？　ベッドには誰かいますか？　誰ですか？　どんな感じ

の人ですか？　窓の外は好い天気ですか？　今何時ですか？　ほかにも誰か家にいますか？　子供たちですか？　泊まりに来た友人ですか？

　しばらくして，あなたはベッドを出てシャワーを浴びます．あなたの浴室はどんな浴室か，描写してみてください．心の中で家中をぐるりと回って，全部の部屋について，その様子を描いてみてください．細部まではっきりと特定するのが肝心です．部屋の大きさ，部屋の色づかい，床材，窓，家具など，できるだけ細かい方がよいですね．夢の家には，特に大切な場所が1つか2つあるものです．あなたの場合，それはどこでしょうか？　自分用のトレーニングルームですか？　書斎ですか？　魔法のキッチンですか？　図書室ですか？　プールですか？　くつろげる素敵な寝室ですか？

　毎朝の決まりきった習慣があるでしょう．それを順番にたどってみてください．何と何をしますか？　それらが済んだら，あとは外出しますか？　何時に？　どこへ？　出かける時は車ですか，歩きですか，公共交通機関ですか？　これらを詳細に思い描いてみましょう．

　今日はあなたの休みの日かもしれませんね．そうだとしたら余暇活動はスポーツですか？　家族サービスですか？　何かの仲間との懇親の時間ですか？　過ごし方を詳細に思い描いてください．どんな様子ですか？　どんな気分ですか？　まわりの人の気分はどんな感じですか？

　もし今日は仕事の日だとしたら，仕事場は自宅ですか？　それとも離れたところまで通っていますか？　それはどこですか？　通勤手段は何ですか？　何時に着きますか？　着いた時の職場の様子はどうですか？　職場のある建物はどのくらいの大きさで，どんな外観ですか？　あなたのそこでの仕事は何ですか？　どんな上司や同僚と働いていますか？　ここでも，想像上の職場にあるすべての部屋の様子を

描写してみましょう．想像上の自宅でやったのと同じ作業です．

　日中の活動をすべてたどってみましょう．いろいろな場面で，あなたはどんなことをするでしょうか？　そしてその１日が終わったら，それから何をしますか？　誰かとのお付き合いですか？　誰と？　どこで？　何をして？

　こうしてあなたの週日の活動を想像してみたら，次は週末の様子を夢想してみるのがよいでしょう．

繰り返しと細部が大切

　たくさん質問したのは，あなたが未来の自分を思い描くきっかけとなればと考えたからです．あとはあなたなりに夢を膨らませてください．質問の答えも，いちいち言葉にしなければならないというものではなく，自然に心に浮かんだ画像をじっと見つめればよいでしょう．夢想などといっても慣れていない人にはむずかしいでしょうが，心にいくつかの映像を浮かばせるだけでよいのです．何度も試みていると，きっとできるようになります．私が保証します．

　とにかく重要なことは，心に浮かぶ画像の細部にまでこだわることであり，これは，いくら強調してもしきれないほど大切です．映画の画面を見つめる感じで，じっと色，広がり，光線の具合を見つめ，音や会話まで聞こうとするのです．そして同じ場面を，この１週間，何度でも繰り返し，繰り返し思い描きましょう．その都度少しずつ細部の描写を加えていきましょう．

心に描いた絵を写真にする

　これまで，あなたの未来の姿をいくつも心に思い描くよう勧めてきましたが，今週は，自分の夢，将来像と関係する分野の雑誌類をいくつか買ってみましょう．ビジネス関係にしても，家庭生活関係にして

も，また家やインテリア，スポーツ，車，休暇，食事などの分野にしても，世の中にはいろいろな雑誌が出ています．それらをぱらぱらとめくっていると，必ず，まるで5年後の自分の生活を写したような写真に出会うでしょうから，それらを切り抜いてください．5年後の自分の車，その時住んでいるであろう家，楽しんでいるであろう休暇の様子などが並ぶでしょう．インターネットから取ってもよいでしょう．ただし，第2の『プレイボーイ』誌の社長になるのでなければ，その種の写真を集めるのは勧められません．これらの写真は，先週買った掲示板にピンで止めて，5年後のわが生活像を組み立ててみましょう．

　もし今，あなたに恋人がいるか，結婚しているのなら，5年後の生活像の組み立て作業は，相手と一緒に行なってください．相手が北国の静かな離島暮らしを夢見ている時に，あなたが1年の半分は陽光あふれる南国で暮らす夢を描いたのでは，うまくいくはずがありません．共通の将来像を持てるようになるまで，何回も話し合ってください．人生の伴侶の絶大な応援と理解を得たうえで初めて，あなたは全精力を新事業に注ぎ込むことができるのです．夢の共有が大切です．

写真のほかにも

　掲示板に貼り付けるものはまだありますよ．いくつか例示してみましょう．

1. 小切手．あなたを受取人とした，5年後の日付のついた小切手です．金額欄には，5年後に受け取っていたい月給額を記入します．
2. 手紙．5年以内にあなたが受け取ると想像する架空の手紙です．差出人はあなたの想像次第，総理大臣でも，あなたが尊敬する実業界の成功者でも，あなたが自分の事業を通じて支援を与えた誰かでもよいでしょう．

3. 雑誌か新聞の記事．あなたが取り上げられている記事が5年以内に出るという想定です．果たしてどんな内容か，想像の記事はあなたが書くのですが，時間がなければ，どこかからふさわしい記事を切り抜いてきて，名前だけ書き変えて掲示します．
4. 預金通帳のコピー．現在のもののコピーを5年後の日付に書き換えて，残高も想像の金額に書き換えます．どうですか，いい感じでしょう？
5. カレンダー．今年のカレンダーの1枚を，何月の分でもよいから剥ぎ取ります．年の欄は，そう，5年後に訂正ですね．あとは日付の上に，その時に想像される毎日の行動予定を書き込むのです．

こんなことをして意味があるのか，と思った人へ

さて，今週の準備作業はどうでしたか？ 面白いと思ってくれる読者もいるかわり，なんて内容のない，的外れなことばかりやらせるのかという感想もあるでしょうね．具体的な起業準備はいつ始まるのかと．

夢想だとか，写真の掲示だとかがなぜ重要かについては，2つの理由があります．第1に，自分の事業を持つということは，あなたの将来の夢の中で本当に重要な構成要素なのかどうかを，今の段階でしっかり確認する必要があるからです．あとで，たとえば2年後にそうでないと気づいても遅いのです．その時には今の職場を辞めてしまっているわけですし，お金も時間も投資して，いわばあなたの持てるものすべてを事業経営という方向に賭けてしまっているのです．

第2に，誰でも，ある分野に焦点を絞り込んでこそ真の成功者になれるからです．焦点をできるだけ絞って，具体的な形であなたの将来像を心に描けば，それだけ達成の可能性も高まるものです．関心分野

の焦点を絞っていれば，人びとの何気ない会話に，将来役立つ情報が含まれていることにも気づくでしょう．あなたの事業計画（ビジネスプラン）を実際に機能させるために必要な，あなたと実業の世界とをつなぐための糸口が見つかる可能性だってあるのです．

　以上は，著者がただ何となく信じているという程度のことではありません．こうした作業は必ず，必ず役に立つということを，自分の起業体験を通じて身をもって知ったからこそ，読者にも勧めているのです．

描いた将来像をどう扱うか？

　さて，今あなたの頭の中には，5年後の自分の人生がひとつの像としてでき上がっています．この段階では，それはもはや夢ではありません．計画です．これからは，この計画をどう実行していくかがあなたの課題です．

1. とにかく着手しよう

   今すぐ何かを始めることで，とにかく5年後の目標につながる道にあなた自身を置くべきです．さもないと計画はいつまでたっても計画のままです．だから，もしあなたが，趣味であれ，事業用としてであれ，自家用飛行機を持つぞと決意しているのなら，まず小型飛行機の専門雑誌を購読し，操縦の知識を身につけることが望ましいでしょうし，さらに自分のパソコン用に，模擬飛行体験用のソフトウェアまで買ってしまってもよいでしょう．専門用語を覚え，同好の士の仲間に入り，成果を試すために本当の体験飛行の授業を受けてもよいかもしれません．時間がたつにしたがって，あなたはますます真剣になり，パイロット免許の取得に必要な訓練授業を受け始めるところまで本

気になる可能性だってあります．とにかく始めることです．今すぐ行動することです．
2．何か成功の象徴（シンボル）となるものを決めよう
成功の象徴といっても有形無形，多種多様ですが，わかりやすい例をひとつあげましょう．もし，5年後にポルシェの高級車を手に入れることが，あなたにとって成功の象徴なのであれば，今から模型を買って，仕事机の上に置いてみることです．毎日眺めては，これが自分の目標だと確認するわけです．
3．人に話してしまおう
自分は起業計画を遂行中ですと，誰かに話すと，新しい機会が開けることがあるものです．たとえば，海外での不動産事業の話をあなたが友人に話すと，友人からその友人に伝わり，たまたまその友人は同じ事業の先輩だったりして，思わぬ助けが得られることがあるものです．あなたが何をやろうとしているかを，いろいろな人に知ってもらいましょう．
4．定期的に当初の事業計画に立ち返ろう
数か月に1度，必ず事業計画を振り返る日を設け，予定表に記入しておきます．変更や追加が必要な事項や，中止したほうがよい事項があるでしょう．計画点検の時点から新たに取り組むべきことや，新たな夢のシンボルや，そろそろ人に話してみた方がよいことや，いろいろです．事業計画は常に進化すべきものですから，変更を恐れてはいけません．

今週を終えるにあたって

今週は考える1週間でした．今あなたは，自分のことをよりよく理解した感じがするのではありませんか．そして，自分が何を目指そうとしているかを，より明確に把握しているはずです．締めくくりとし

て，あなたがあれこれ考えたことは，全部まとめておきましょう．そこで，1つの「会議」をお勧めします．会議の相手はあなた自身，あなたとあなたとの架空の会議です．妻，夫，パートナーがいれば一緒に参加してもらいましょう．あなたの将来に何が待っているかを確認するのが目的です．議題は章末の「会議記録」を参考に，会議の進め方はあなた自身が決めてください．あなたは，夢や自分の考えを，もっと具体的な行動計画へと展開させる段階に来ました．この会議はそのためにとても役に立つはずです．

次週のテーマ

今週は夢についてでした．来週は現実についてです．用意しておくものがあります．銀行通帳，クレジットカード利用明細，給与明細，家賃明細，住宅ローン明細などの収入，支出関係書類です．あまり楽しくないことで申し訳ありませんが，必須事項です．

起業家の言葉

★ 「私はある電話会社の技術セールスアドバイザーとして働いていた．ある時，ある人に何か贈り物を買おうとして，どこの店でもなかなか独創的なものは売っていないものだと感じた．それ以来，いつか自分でギフトショップを事業にしてみたいと思うようになった．電話会社を辞める前から，将来自分が持つ店の外観を想像して，バルサウッドの模型を作ったりしていた．ほかにも，もしお金ができたらこんな車を買おうとか（黒のポルシェ911だった），こんな生活をしてみたいとか，何かと夢を描いたものだった．休暇を取った時は海外の見本市を訪ねて歩き，自分の店で売

りたい商品は手に取ってみた．起業の時は，自分の事業の様子と将来の生活ぶりを頭の中で繰り返し描いてみる作業を数か月続け，それから思い切ってそれに賭けた．」(ジョナサン・エルビッジ……イギリスのギフト店チェーン「ガジェットショップ」創業者)

★ 「大きな成功を収めた起業家は皆，自分が人生で達成したいのは何なのかをはっきりと認識していた人々であり，しかもその何かとは，彼らにとって，ああ考えても，こう考えても，どうしてもやりたいことなのだ．将来の夢が実にはっきりしている．これは数々の研究で明らかになっている，疑問の余地のない事実であるのに，この事実を真剣に受けとめようとするのは，ほんのひと握りの人々だけだ．多くの人は，何をなし遂げたいのか，どんな成功をつかみたいのかが，自分でもわかっていない．ほんのひと握りの人しか起業に成功しないのは，このためだ．」(スティーブ・マクダーモット……ヨーロッパでの行動心理，動機付け研究の第一人者)

今週の活動一覧

1. 白昼夢をたくさん見る．5年後の生活を思い描く．
2. 雑誌を講読する．インターネットを検索する．それらの中から，自分が望む生活の姿を示すような写真を切り抜く．自分の掲示板に貼る．
3. その他にも，5年後の生活を表わすものを貼る．架空の手紙，5年後の行動予定を書き込んだカレンダー，受け取りたい小切手，望ましい預金通帳，架空の雑誌記事．何が適当か，思い切

り創造性を働かせること．
4．会議を行なう．週の最後に，掲示板の前で，自分自身との架空の会議を開く．議題は次の「会議記録」を参考にすること．

役立つ情報源

Steve McDermott, *How to be a Complete and Utter Failure in Life, Work, and Everything.* ペーパーバック版（Prentice Hall Business. Red Audio 発売の CD もある）

これは，読んで実に愉快な本だが，意図はまじめで，教えられるところが多い．本書でマクダーモットは，展望を持つこと，目標を定めることの重要性を説く．考えを生で聴衆に伝える彼の講義は，漫談風の話の中に動機付けの要素がうまく混ざり合ったものとなっている．

今週の重要用語

「人生」：あなたが何を望むかでその意味が決まるもの．

今週の標語

最初の顧客は誰にする？

第 2 週

「会議記録」

会議記録
　　会議相手：私自身！　（妻，夫，パートナーがいれば同席）
　　日付：_____
　　時間：_____
　　場所：_____

議　題：
1. 掲示板の件．掲示内容が私の夢を正確に表しているかどうかを検討する．
2. 夢の件．いくつかの夢のうち，これから5年間という期間に，私にとってもっとも大切な夢は何かを議論する．
3. 行動の件．もっとも大切な夢を実現するには何をしなければならないかを，希望する収入，望ましい生活様式などの観点から検討する．
4. 起業の件．起業するという行動が真に夢や目標に到達する方法なのか，検討する．
5. 実行の件．本当に今事業を立ち上げるつもりなのか，それとも当面は実行しないのかを，再確認する．
6. ほかの選択肢の件．もし起業しないとすると，上記2の夢を実現するほかの手段は何か，検討する．

会議終了

第3週：あなたの現状を把握しよう
―経済状態・知識・人脈を確認する

> **今週の要点**
> 1. 起業準備のために毎日どのくらいの時間が使えるかを計算する．
> 2. 現在，個人の収支状況，資産負債状況はどうなっているかを明らかにする．
> 3. どんな知識，ノウハウを持っているかを点検する．
> 4. どんな人たちと面識があるか，人脈はどう広がっているかを改めて確認する．
> 5. 起業支援制度を説明した小冊子を取り寄せる．
> 6. 信用調査会社に，あなたの「法定信用記録」の写しを請求する．

第3週目の起業準備活動を始める前に，確認しておきたいことがあります．正直に答えてください．先週の作業，つまりあなたの夢を再確認する作業はきちんとやりましたか？ 飛ばして今週に来てしまった人はいませんか？

やった人
立派です．胸を張って次の節に進んでください．

やらなかった人

わかりますね，あなたがどんなタイプの人か．あなたに先週の課題をやりましたかとわざわざ確かめたのには理由があります．実は著者自身が，おそらくやらないタイプの人間だと思うからです．とにかく急いで物事を進めなければ，事業計画を前進させなければと夢中になっていると，著者も，何だか役に立ちそうもない，くだらないと思えるような個所は，どうしても無視して飛ばそうとしてしまうのです．

そんな，あなたや著者のような読者はほかにもいるはずです．でも，そういう人の起業準備活動には，ほかの人より厳しく監視の目を向けたいと思います．なぜなら，そういう読者は，おそらくビジネスアイディアに溢れ，じっとしていられない性格で，とにかく何かをやっていたいタイプの人間であり，もともと起業家としての高い潜在能力を備えていることが多いからです．しかし，豊富な活力も，情熱も，はっきりした構想に基づいて，焦点を絞って注ぎ込むのでなければ，成功をもたらすことはできません．力いっぱい突き進んでいるのはよいが，方向がまったく誤っているという結果になりかねません．だから先週の作業は大事なのです．

著者を信じてください．そして，毎週与えられる課題に毎週着実に取り組んでください．先週の課題は楽しい課題ですから，飛ばした人は今週をそれに費やしましょう．この章には来週戻ってきてください．毎週着実に取り組むというやり方が，結局はあなたの事業の立ち上げを容易にするはずです．

現実を直視する

今週は，あなたの置かれた状況を再確認する週です．経済状態，時間の使い方，知識やノウハウ，そしてあなたの人間関係や人脈を確かめましょう．これらはすべて，起業の成功にとって極めて重要な要素

です．

　新事業を起こすということは，思ったよりずっと多くの時間を必要とするものですから，その点を認識して，起業準備のための時間をどこからひねり出すかを決めておかなければなりません．また，もしこれから取り組もうという事業分野に関する知識が不十分である場合や，知り合いにその分野の専門家が不足している場合には，行動に踏み切る前に，その弱点の補強に取り組む時間も必要です．

　今週は，あなたの経済状態の点検も行ないます．しかし，起業資金の蓄えが十分でない場合でも，あまりあわてる必要はありません．資金の問題に向かい合う姿勢を考えましょう．起業家には信条とすべき言葉がいくつかありますが，ここで，そのうちのひとつ，「お金はあとからついてくる」という言葉を紹介しましょう．この言葉は，お金は物事の出発点ではなく，むしろ，お金以外のいろいろな要素の結果としてもたらされるものだということを意味しています．起業のための資金も，あなたの考え方や，専門知識や，人脈や，費やす時間の結果として生み出されます．ですから，まずは資金問題以外のすべてのことを，正しく，間違いなく進めることです．お金はついてくるものです．

時間について

　さあ今週の作業です．また新しい週の始まりです．1週間はあっという間ですね．時間はどこへ飛び去ってしまうのでしょうか？

　起業するにあたって資金の問題も重要ですが，それよりもずっと深刻な問題は，やらなければならない山のような起業準備作業をこなしていく時間を，本当に捻出できるかということです．睡眠中も，日中の仕事の間も，通勤の電車，バス，車の中でも，テレビを見ていても，食事中でも，友人との付き合いのひと時も，何をしていても時間は進

行します．事業に取り組んで，それを成功させるのに十分な時間を，間違いなく確保できる見通しがありますか？

　読者の中には，現在仕事を持っている人が多いと想像します．この本を読んでいるのは，貴重な自由時間を起業のためにどう活用するかについて，解決策を探すのが目的かもしれません．そんな読者はおそらく，現在の仕事を続けながら自分の事業の準備を進めようと思っているでしょうし，事業が始まったあとも，実際に従事できるのは夜間と週末だけという場合も多いでしょう．実際，アメリカでは，昼間は正規の仕事を持ちながら，夜間だけ自分自身の会社を経営するという人びと（ムーンライト起業家と呼ばれます）が多く，イギリスなどに比べてずっと一般化しています．多くの場合，ムーンライト起業という形は，昼間の勤務先の安定した仕事を放棄するという危険を冒す前に，自分のビジネスアイディアがうまくいくか，一度試してみようという目的で使われています．あなたの場合も，事情が許せばこの賢明なやり方を学ぶのがよいと思います．

　今週の作業として，「生活時間点検表」という簡単な表を作ってください．この表を埋めていけば，あなたの時間が日々どこへ消えてしまっているか，どうしたら起業準備作業のための時間を捻出できるかが見えてくるはずです．表は１週間用です．この章の終わりに見本を掲げてありますので，それをコピーして，すべての記入欄に，実際にあなたが行なったことを毎日記入してください．毎日の行動が決まりきっていて予想できると思う場合には，１週間分まとめて事前に記入しても構いません．行動は以下の10種類に分類します．ほかに必要な項目があれば，あなたの生活実態に合わせて適宜つけ加えてください．

1．睡眠：ベッドで過ごす時間
2．仕事：昼間の勤務先などでの労働時間

3．移動：通勤時間．その他の移動時間があれば加算
4．家族：子供，夫婦，両親など，家族と過ごす時間
5．運動：スポーツジム，サッカー，スカッシュ，ゴルフ，その他を含め，スポーツをするための時間
6．趣味：ダンス教室，素人演劇，執筆，カラオケやコーラス，バードウォッチングならぬ機関車ウォッチング，その他どんな変わった趣味でもつつみ隠さず記入
7．食事：食事に費やす時間
8．テレビ：テレビを見る時間は趣味などとは別の枠で計算すること．そうしないと，テレビというバカ箱の前でどんなに多くの時間を過ごしているかが浮き彫りにされない．テレビの時間は起業用の時間を捻出する宝庫となりうる．
9．交際：友人を訪問，パブで一杯，レストランでの食事などの時間
10．家事

　生活時間点検表は，記入していくとすぐ一杯になることがわかるでしょう．さて，あなたは，起業のための計画時間と作業時間をどこかから引っ張り出せそうですか？

時間捻出法
　著者は複数の事業を経営しています．執筆や講演活動もしています．そのほかにも，出張，週2冊の読書，趣味のスカッシュとギター，人とのお付き合いの行事も盛りだくさんです．どうしたら多くのことを日々の生活の中に詰め込むことができるのか，そんな質問も多いので，ここで秘密を公開しましょう．大多数の人びとと比べて，著者は1日2時間余分に持っているのです．1週間では14時間にもなりますが，この時間はどこから来るかといえば，それはテレビの時間なのです．

著者はほとんどテレビを見ません．せいぜい2週間に1時間といった程度です．本当に見たい連続ものなどがある時は，DVDになったものを買って，自分の都合に合わせて鑑賞します．何もテレビ局が決めた時間にわざわざ合わせて見る必要などないはずです．

あなたの知人に，家に帰るなりすぐにテレビをつける人はいませんか？ あるいは，何か特に見たい番組があってテレビをつけるが，その番組が終わったあとも，ついあちらこちらとチャンネルを回しつつ，結局就寝時間まで見続けてしまうという人がいるのではありませんか？ そんな知人たちには，こう言って助言してください．「習慣性テレビ病から抜け出して，自分の人生を取り戻せ！」と．

テレビをまったく見るなとは言いませんが，ほとんどの番組は，わざわざ見ようとしたというよりも，何となく見てしまったもののはずです．テレビ番組の週刊誌で見たいものだけ選んでから電源を入れるという習慣をつけませんか？ そして，その番組が終わったら必ず電源を切ることが大事です．これだけでどんなに多くの時間が生まれることか，きっと驚くと思います．起業準備には，あなたの一生の夢を実現できるかどうかがかかっているのです．ホームドラマで他人の不幸など見ている場合ではないはずです．ついお説教になってしまいました．ここまでにしておきましょう．

ほかにも時間捻出の方法はあります．以下にいくつか追加しておきましょう．

1. 毎週末に1日，週日に1晩を，必ず起業準備のために振り分ける．最初の段階はこれで十分なはずですが，問題は決まった時間を予定表に書き込んでおくことです．こうしておくと，飲みに行きたい，ソファでくつろぎたいといった誘惑を断固退けるために有効ですし，また，仕事が1週間を通して節度なく生活時間に食い込

んできて，妻（ないし夫），パートナーともめごとが起きるという心配もなくなります．昼間の仕事を持たない読者には，もちろんこんな問題は起きません．時間の制約はずっと小さいはずです．
2．勤務先の休暇制度はどうなっていますか？　今後6か月間は月1日の休みを取って，自分の事業の準備にあてましょう．
3．地域の自治会や同好会の役員，会員などとして，夜や週末に参加している活動はありますか？　その中で，今はそれほど熱心にやっていないものはありませんか？　今は自分の事業を始めようという特別な時ですから，それに集中するためには，うまく身を引くことも必要かもしれません．
4．子供がいる場合には，誰か適切な友人を見つけだして，1週間おきにお互いの子供をまとめて面倒を見るという約束をすることも考えましょう．あなたは起業準備がはかどり，相手も2週間に1回，自由な夜を外で楽しめるはずです．

どの日のどの時間を起業準備にあてられるかの見当がついたら，翌月の予定表にしっかり書き込んでおきましょう．そうすれば，いつも1か月先の時間が確保できます．あとは決めた通り，計画を厳格に実行することです．

資金について

資金に関してまず言っておきたいことがあります．起業して成功するには，必ずしも資金が豊かである必要はないということです．もし手元に豊富な資金を持っている場合には，そうでない場合に比べて確かに事業を始めやすいでしょう．しかし，成功は保証されたわけではありません．起業準備の資金が豊富なら，広告やぴかぴかのオフィス，あるいは経営顧問に多額の資金を使うぜいたくが許されるでしょう．

しかし，どんなに経費を使っても，それだけで失敗を避けることはできないのです．鍵は，あなたの事業の根幹がしっかりしているかどうかにあるのです．

　起業資金がわずかしかなくても，時にはまったくなくても，多くの人が事業を始めようとします．著者が事業を立ち上げた時は，未返済の奨学金があり，いわば水面下からの出発でした．給料から返済を引いた残りは，生活費ぎりぎりしかなく，初期投資のための貯蓄や資産はまったくありませんでした．「お金はあとからついてくる」ものです．素晴らしい自分の考えを生み出し，礼儀正しく周囲と接し，徹底的に働くこと，そうすれば資金は集められます．

　さあ，そろそろあなた自身の経済状態を明らかにする時間です．今，正確に現状を把握することが，将来の問題を避けるために重要なのです．用意するものは，一番最近の預金通帳，クレジットカード利用明細，電気，水道，電話などの請求書，何か投資を行なっていればその明細，スーパーなどで受け取った先月分の買い物のレシート，その他すべての収入，支出の明細書です．それらを使いながら，少し時間をかけて，章末にある「資産負債対照表」と「月間収支計算書」に記入してみてください．

　結果はどうでしたか？　負債が資産を超過していますか？　そんなに悪くないが起業資金は不足している状態ですか？　それとも資金的に余裕がありますか？

大変だ，負債が多すぎる！　という人
　月々の返済に困難を感じるような状況にいるとしたら，何はともあれ消費者センターや，市役所の生活相談係などに相談してみることです．起業うんぬんよりも，返済の負担を軽くすることが第一でしょう．

経済状況はまずまずだが，資金は貯まっていない！ という人

現状を踏まえ，月々いくらの出費が必要かをよく点検し，現在の仕事と収入を放棄して起業する場合，事業からの収入はいくら必要なのかを逆算してみましょう．この数字は，あとで事業計画を書類にまとめる時に使います（この書類は「事業計画書」または「ビジネスプラン」と呼ばれます）．しかし，いくら「お金はあとからついてくる」からといって，初めから事業収入に過度の期待をかけるのは無理，そういう放漫な起業計画では，あなたの生活設計は破綻します．今から生活費を節約し，少し貯蓄を作るよう努力することを忘れないことです．事業を始めると，たとえ１円でも貴重になるものです．

私はリッチだ！ という人

恵まれた状況で起業準備に入れるのは幸運ですね．ただし，成功のためには誰にも負けない努力が必要なことは，ほかの人と同じです．

専門家からひとこと

ここで，HSBC銀行で法人取引の責任者をしているニール・バランタインの助言を聞きましょう．会社や個人の金融取引に関わる記録，すなわち「法定信用記録」に関してです．

「私はいつも，自分の信用記録を点検するようにと顧客に勧めている．当行のコンピューターでは，どこかで何か金銭上の問題があった顧客に関しては，"要注意情報あり"という表示が出る．しかし，その内容は，何千ポンド単位の問題で裁判所から受けた判決のことなのか，電力会社が真剣に追いかけている，３年前の引越しの時に払い忘れた17ポンドの電気料金のことなのかわから

> ない．顧客が自分の法定信用記録を取り寄せ，事実がわかるほかの書類とともに当行に示してくれれば，当行では，顧客の立場に立って，顧客のためになる判断を下すことができる．信用調査会社に間違った信用情報が登録され，問題が生じている人が多いのには驚かされる．法定信用記録を自分で取り寄せ，きちんと点検すべきだ．」

エマの場合

 さて，起業を目指すわれらがエマはどんな状況にいるのでしょうか？ 給与収入はかなり良いはずなのに，エマには貯蓄がありません．それどころか，クレジットカードの未決済額が残っています．ついつい外食，街でのナイトライフ，衣服の購入代などがかさんでしまううえ，今年初めには長い休暇をオーストラリアで過ごしてきたからです．彼女は今後6か月間，この本の進行過程にしたがって彼女の事業が立ち上がるまでは，ぜいたくをやめ，節約に励む決心をしました．外食を減らし，その代わり友人を自宅に呼んで得意の料理の腕をふるうこと，6か月は新しい服を買わないこと，2，3か月後に予定している次の休暇には，海外旅行はせず，コーンウォールの両親の元へ帰ることにしたのです．これによって，より多くの時間を事業の立ち上げ準備に使えるという利点も生まれるはずです．節約分はまずクレジットカードの支払いにあて，あとは定期預金に預けて，事業開始後の資金として少しでも多くの蓄えを作る覚悟です．

知識・ノウハウについて

 5週目に，あなたのビジネスアイディアについて検討し，改善する

機会があります．事業の構想がまだできていない場合は，何か考えつくためのお手伝いをする予定です．そのためにも，ここで，あなたはどんな知識やノウハウを持っているかを確認しておきたいのです．

　どんな専門知識を持っているか，書き出してみましょう．これまでの職業経験から得た知識，ノウハウは何でしょう？　小売業あるいはものづくり全般に関する知識，販売や経理のノウハウ，ベアリング製造やファッション産業の知識など，人によってさまざまなものがあるでしょう．では，料理，執筆，スポーツなど，趣味から得たものは何でしょう？　学校教育によって得られた知識もあるはずです．

　エマの場合はこうです．

- 職務経験からマーケティングを得意としている．
- 現在従事している金融サービス産業について知識がある．
- 大学で英文学を学んだ．
- 食べ物にくわしい．これは料理とレストランめぐりという，彼女の趣味から得たものである．

人脈について

　世の中では，何を知っているかよりも誰を知っているかの方が重要だとよく言われます．著者もその通りだと思います．ただし，政治家や実業家，資産家や有名人を知っていると得するという，一般的な意見に組するわけではありません．著者が言いたいのは，あなたの選んだ事業分野の専門家として深い知識を持っている人，企業経営の幅広い知識を持っている人，そして，みずから起業した経験がある人，そうした人々とのつながりこそが，これから事業を始めようとしているあなたにとって，真に役立つ人脈だということです．

　一度，あなたが知っている人の名前を，どんなに薄い関係であって

も,すべて一覧表にしてみましょう.家族,友人,家族の知り合い,友人の友人,職場の同僚,同僚の友人などを幅広く含みます.まず名前をあげて,その隣りに,どんな知識やノウハウを持っている人なのか,何に熟達している人なのかを書き込みましょう.

こうした一覧表から,「メンター」と呼ばれる起業の助言者になってくれそうな人を見つけることができるかもしれません.メンターとは,事業経営全般に関して何らかの経験があるか,ないしは,あなたが起業しようとしている分野で特に経験が深い人で,時々あなたに会って質問を受けたり,あなたの自分の考えを点検したりすることを承諾してくれた人のことです.経験に基づいた実際的な意見や論評を与えてくれるので,良いメンターにめぐり合うか否かで,起業の成功度に大きな違いが生じます.もし知人に,経験が豊かで,気が合い,信頼できる人がいたら,是非あなたのメンターになってくれるよう頼んでみることです.また,もし,地元の経済界やあなたの目指す業界に,日頃から尊敬している人物がいたら,たとえ面識がなくても,メンターの依頼をしてみてはどうでしょう.指導者として仰がれるのは悪い気分ではないはずですから,案外,喜んで引き受けてくれるかもしれません.

先週引用した行動心理研究家のマクダーモットは,空想上のメンターを持つという方法を推奨しています.あなたが参入しようとする分野で最高中の最高という人(故人でもかまいません)をひとり選び,その人物について徹底的に研究するのです.そして,何か疑問が生じた時,その人ならどんな助言をくれるだろうかと想像するのです.偉大な先達の考えをなぞってみることで,驚くべき洞察力が生まれることがあるものです.

エマはメンターを2人見つけました.ひとりは実在の人物,ボーイフレンドの父のサイモンで,印刷業を経営しています.もうひとりは

空想上のメンターで,自然の原料をベースにした化粧品などの会社,ボディショップの創業者として高名なアニタ・ローディックです.エマはずっと前からアニタ・ローディックに憧れています.彼女の環境へのやさしさを大切にするという経営哲学,それに基づいて事業を成長させたエネルギーが好きになり,彼女についての本や雑誌記事を読んできました.エマは,アニタと同じような価値観をもとに事業を運営したいと考え,自分の事業が自分の経営哲学から外れていないかを点検してくれる役割を,空想上のメンターであるアニタに託すことに決めたのです.

ここで作成した,あなたの友人・知人総覧ともいうべき一覧表は,大切に保管しておきましょう.今後,起業の計画と実践の全過程を通じて,あなたの力になるはずです.助言が欲しい,具体的にどこどこの会社に連絡を取りたい,担当者を知りたい,そのほか何か支援を求めたいことが生じた場合には,いつもこの表を活用してください.

起業家の言葉

★ ギャリー・クレシュ.起業家になる前は金融の世界で名を馳せた人物であり,1970年代にはホワイトハウスでスペースシャトル計画の資金面を取り仕切ったこともある彼は,次のように言っている.

「私の場合,行動の原動力はいつも知的な冒険をしてみたいという心であり,金銭ではなかった.誰でもそうであるべきだと思う.もしもあなたが疑う余地のない本物であれば,お金はついてくるものだ.だから,まず,何らかの分野で真に優れた本物になることだ.ものごとを始める動機を金儲けに置きすぎると,大事

> なことが何かわからなくなる．そして，最後は失望で終わることになる．」

今週の活動一覧

1. 生活時間点検表を作成し，日々の生活における時間配分を見直す．
2. 起業準備に費やすことが可能な時間は，何曜日のどの時間帯で，どのくらいの長さかを計算する．決めた時間を確実に確保するため，必ず翌月の予定表に書き込んでおく．
3. あなたの経済状態を，資産負債対照表と月間収支計算書に表わしてみる．必要なら，事態の改善に専門家の助言を求める．
4. 知識とノウハウの一覧表を作る．
5. 人脈を点検し，知人，友人がどんな知識やノウハウを持っているかを再確認する．
6. メンター候補者を決め，依頼してみる．
7. あなたの法定信用記録を取り寄せる．下記の「連絡先」欄に記載したウェブサイトなどを参照すること．
8. 『事業を起こす人のための政府の規則と規制に関するまじめな案内書』（英文名 *The No-Nonsense Guide to Government rules and regulations for setting up your business*）という小冊子を注文する．これは無料で，わかりやすく，非常に有益な資料である．注文先はビジネスリンク．ウェブサイト（www.businesslink.gov.uk/no-nonsense）ないし電話（0845-600-9006）を通じて申し込める．ウェブサイトでは全文を読むこともできる．

連絡先

- 市民生活相談センター：
  Citizens Advice Bureau: www.nacab.org.uk
- 個人向け金融関係ウェブサイト
  The Monetary Fool: www.fool.co.uk
- 個人金融相談窓口
  ① Consumer Credit Counselling Service: www.cccs.co.uk
     電話：0800-138-1111
  ② National Debtline: www.nationaldebtline.co.uk
     電話：0808-808-4000
- 信用調査会社
  ① Eqifax credit reference agency: www.econsumer.equifax.com/consumer/uk/forward.ehtml? forward=consumerletter
     電話：0870-599-2299　住所：Equifax Plc, Credit File Advice Centre, PO Box 1140, Bradford BD1 5US
     信用記録の請求には2ポンドの小切手を同封のこと
  ② Experian credit reference agency: www.experian.co.uk/consumer/ordercreditjunction.html　電話：0870-241-6212　住所：CHS Experian, PO Box 8000, Nottingham NG80 7WF
     信用記録の請求には2ポンドの小切手か郵便小為替を同封のこと
  ③ Callcredit credit reference agency: www.cccs.co.uk
     電話：0800-138-1111　住所：Consumer Service Team, PO Box 491, Leeds LS3 1WZ
     信用記録の請求には2ポンドの小切手か郵便小為替を同封のこと

役立つ情報源

Alvin Hall, *Your Money or Your Life*. (Coronet Books)

明快かつ単刀直入に，資金面で問題がある場合の解決策を教えてくれる本．

今週の重要用語

「純資産」：資産額から負債額を引いたのちに残る資産の額．余裕資金があれば正，ローンが多ければ負の値をとる．個人の純資産は，貯蓄や投資の形をとる．末尾の「資産負債対照表」における「C」欄を参照のこと．

「法定信用記録」：イギリスの制度．信用記録に関しては，法律の規定がある．情報保護法および消費者信用法の定めによれば，信用調査会社は，所定の手数料（2ポンド以下）を添えて請求を行なった者に対し，請求者本人の信用状態に関して会社が保有する情報を開示しなければならないことになっている．

「信用調査会社」：あなたの金融取引に関する情報を収集する会社．情報は，あなたが取引する銀行，クレジットカード会社，ローン会社などから集められる．取引上の事故情報を中心に，金融関係で受けた判決，電力会社が届け出た料金未払い状況なども含まれる．信用調査会社はあなたの信用状態に対して評価を与える．評価基準は会社間で大きな差異はない．要注意人物一覧表のようなものは作成しない．

今週の標語

最初の顧客に誰がなる？

生活時間点検表 (週間)

	日	月	火	水	木	金	土
00:00							
01:00							
02:00							
03:00							
04:00							
05:00							
06:00							
07:00							
08:00							
09:00							
10:00							
11:00							
12:00							
13:00							
14:00							
15:00							
16:00							
17:00							
18:00							
19:00							
20:00							
21:00							
22:00							
23:00							

- 生活時間をどう使っているか記入する.
- 行動は原則として10種類に分類する.
- 睡眠は (睡), テレビは (TV), 食事は (食) など, 略号を工夫すること.

第3週

資産負債対照表

固定資産		長期負債	
住宅(土地を含む)現在価値		住宅ローン残高	
その他固定資産現在価値		その他ローン残高	
(小計)		(小計)	
流動資産		短期負債	
現金・預貯金		銀行等短期借入	
有価証券現在価値		クレジットカード未決済額	
保険(解約価額)		(小計)	
(小計)			
その他資産		その他負債	
自動車		1_____	
その他1_____		2_____	
その他2_____		3_____	
その他3_____		(小計)	
(小計)			
資産合計A		負債合計B	
		純資産額(C=A−B)	

- 「C」がプラスの場合は,健全な状態を表わす.
- 「C」が少しのマイナスの場合は,負債のどれかを返済するよう努力すること.
- 「C」が大きなマイナスの場合は,前記の「連絡先」のうち,適当なものから指導を受けること.

月間収支計算書

	現　　　状	起業後（現勤務先は退社）
収　　　　　　　入		
給　　与　　等		
配 偶 者 の 所 得		
そ の 他 の 収 入		
収 入 合 計 （D）		
支　　　　　　　出		
住宅ローン返済・家賃		
税　　　　　　　金		
電　　　　　　　気		
水　　　　　　　道		
ガ ス ・ 灯 油 代		
電　　話　　代		
住 宅 へ の 保 険 料		
そ の 他 公 共 料 金		
食　　料　　品		
昼　食, 菓　子		
外　　食　　代		
交　　際　　費		
ス　ポ　ー　ツ		
休　暇, 旅　行		
プ レ ゼ ン ト 代		
服　　飾　　費		

車　維　持　費		
そ の 他 交 通 費		
テ レ ビ 受 信 料		
インターネット料金		
教 育 ・ 養 育 費		
借 入 金 返 済		
そ　の　他　1		
そ　の　他　2		
そ　の　他　3		
そ　の　他　4		
支 出 合 計（E）		
収支尻（D）－（E）		

「現状」の欄の収支尻の数字が意味するところは以下の通り．
- 数字がプラスであれば，負債の返済を増やす余裕があることを意味する．
- ゼロであれば，起業に備えて貯蓄を作る必要がある．
- 数字がマイナスであれば，前記の「連絡先」のうち，適当なものから指導を受けること．あなたは，毎月，収入以上の生活をしており，このままでは負債は増加せざるを得ない．不要な出費，ぜいたくへの出費を切りつめること．

「起業後（現勤務先は退社）」の欄の収支尻は，マイナスになる可能性が高い．生活困難に陥らないためには，ほかに収入の途がなければ，マイナスと同額の資金を事業から引き出す必要がある．

第4週：起業に必要な6つの能力を高める

> 今週の要点
> 1．起業に必要な能力を高める努力を開始．前向きな姿勢，人脈（ネットワーク）を作る能力，事業機会発見能力，販売力，交渉力，粘り強さの6つが重要である．
> 2．支援を得られそうな地元の銀行と会計士について，情報を集める．

　起業についての本には，ちょっとしたテストがついているものが多いようです．テストには，「起業家になるための必要条件を，あなたは満たしていますか？」というような見出しがついていて，ありふれた，短い質問が並んでいます．「あなたは危険を冒すことを好みますか？」といった質問に対して，その通りなら1，まったく違えば5といったふうに，5段階の数字に印をつけて回答します．そして最後に合計点で判断するやり方です．

　そういうテストも，女性雑誌『コスモポリタン』で，マンハッタンを舞台にした人気テレビシリーズ「セックス・アンド・ザ・シティ」の登場人物のうち，誰が一番好きかを聞く場合なら問題ないし，面白くつき合えるでしょうね．しかし，あなたの人生で一番重要かもしれない意思決定を下そうとする時に使うのは，まったく馬鹿げています．

　とはいえ，本書にも起業家性格テストがひとつ含まれています．その性格を備えていなければあなたは失敗，もし備えていれば成功の確率が非常に高まるのですが，実は読者であるあなたは，このテストに

もう合格しているのです．

あなたはこの本を手に取りました．購入しました．そして今読み進めています．それは，あなたには何かを学ぶ姿勢があるということを意味し，知識を求めているということを表わします．おめでとう，合格です．なぜなら，学び取る姿勢こそが，起業家の特徴の中でも決定的に重要なものだからです．とはいえ，本書への過大な期待は禁物です．考えてみれば，著者はあくまでも助言者の立場であり，起業志望者に教えられることは，この学び取る姿勢の大切さだけなのですから．あとのことは，あなた自身で歩きながら学習していくしかありません．

起業に必要な6つの能力

今週は，あなたの起業家的な潜在能力を開発，訓練する週です．起業家に特に必要な6つの能力（一部は特性と呼ぶのがよいかもしれません），すなわち前向きな姿勢，人脈を作る能力，事業機会発見能力，販売力，交渉力，粘り強さに的を絞ります．この訓練は楽器の練習やスポーツのトレーニングと同じで，継続することが重要です．今週始めたことは，今後ずっと続けてください．

前向きな姿勢

どんな分野であれ，成功を勝ち取る人は物事を前向きに考える人です．成功者は，自分の考えはきっとうまくいくと信じ，人間の性善説を信じ，物事は楽しく進められるものだと思っています．これまで何年も会社の単調な仕事を続けてきたような場合，あるいは単にこの国に住んでいるというだけで，あなたのものの見方は，皮肉になったり，悲観的になったりしているかもしれませんが，これからは，子供の時に持っていたような，楽しむ心，物事はうまくいくものだと信じる心を持つ喜びを思い出すことが必要です．

今から前向きな姿勢を磨く訓練に飛び込んでいきましょう．誰かに元気ですかと聞かれた時は，「普通です」とか「まあまあ」とか言わないで，「元気，元気」とか「好調です」とか答えましょう．楽しくなれることを積極的に探し求めましょう．そして「自分はいつも明るい人間になるぞ」と決めることです．最初はむずかしいかもしれませんが，まず試してみて，訓練していけばできるようになります．

人脈（ネットワーク）を作る能力

　人間関係を構築し，維持する技術を身につけましょう．先週は，あなたが現在どんな人脈を持っているかを確認しましたが，今週は，その人脈の幅をもっと広げる方法を考えます．

　第1に，新たな人脈の構築についてです．これまであなたは，せっかく何か会合などに誘われても，あの連中と話してもしょうがないとか，疲れているからとか言って，断わっていたのではありませんか？これからは招待があったらなるべく参加して，できるだけ大勢の人の中を回って，いろいろな人と話をする訓練をしましょう．会合などで人脈を作るには，以下のような点を覚えておくとよいでしょう．

1．参加するのは自分のことを話すためではなく，人の話を聞くためであり，自分よりも相手に関連する話題を続けてこそ，何かを学ぶことができる．
2．あなたの感覚をレーダーのように働かせ，事業に結びつく可能性を発見するよう努める．何か問題を抱える人がいたら，自分は解決策を提供できないかと考える．直接自分の事業にならなくても，友人を紹介するだけでもよいし，別の会社を推薦するのでもよい．それがあなたの人脈拡大につながるし，事業機会を発見する訓練にもなる．手助けを受けた人は，そのことをよく覚えていてくれ

るものであり，長い目で見ればあなたの役に立つことになる．
3．つまらない人と関わりを持たないこと．どんな会合にも何人か，後ろ向きの意見を吐き，自分のことばかり，ぼそぼそ，長々と話し続ける連中がいる．自分がそうならないよう注意し，もしそんな人に出会ったら，我慢せずに，丁寧にお断わりをしてからほかの人のところへ移るのがよい．

　こうしていれば，すぐにいろいろな会合を有益な機会として活用できるようになります．世の中には，人脈作りだけを目的として参加者が集う交流会，いわばネットワーククラブともいうべき会がありますが，それがあなたに適しているかどうかは，自分でよく見きわめなければなりません．著者はむしろ，一般的なビジネス関係の催しの方が性に合っています．その方がもっと自然に知り合いを作れる気がするのです．

　人脈の幅を広げる第2の方法は，今持っている人脈を大事にし，維持することです．あなたの人脈上にいる人たちと，連絡を絶やさないようにすること，あなたが今何をしていて，何を必要としているかを，いつも知っていてもらうこと．こうしておけば相手は，自分の人脈上の人々にあなたを紹介しやすくなるわけです．また，名簿をきちんと整理し，新しい人に会った時はすぐに名前を追加しましょう．名前には，相手に関する情報や，あなたと相手がお互いにどう役に立てるかを書き添えておきます．

事業機会発見能力

　事業機会はどこにでもあります．子供の頃のように，想像力を自由に働かせて，あたりを見まわしてみましょう．
　まず，事業機会発見のための第1の重要点を考えましょう．どんな

に馬鹿げていても，事業に結びつきそうな機会を四六時中探し求める姿勢が大事です．出勤途中，もし自分が今使っている鉄道会社やバス会社の経営者だったら，どうやって業務拡大を図るかを考えるのです．あるいは，自動車メーカーや道路補修会社の経営者だったら何をするだろうかと．冬の季節の昼休みの時間には，温かくて健康志向の弁当類にどのくらい事業の可能性があるかなどを考えてみるとよいでしょう．どこへ行ってもあなたの周囲には，必ず，あなたのために何かをしてくれる事業を営んでいる誰かがいます．それらに改善の余地はないでしょうか？

この方法は，あなたがすでに自分の起こしたい事業の構想を持っている場合にも役立ちます．構想をもっと練り上げ，事業成功の可能性を最大化するための機会を見つけるのに役立つのです．一方，もし起業はしたいがどんな事業がいいか決めかねている場合には，「もし自分が何々の事業の経営者だったら」という思考訓練は非常に有益です．この手法を修得して，来週は実際にあなた自身のビジネスアイディアを展開してみましょう．

今は早朝，著者はこの本の原稿を，ヨークからロンドンへの電車の中で書いています．電車は混雑しています．大都市間の長距離運行ですが，定期的にこの電車を利用する通勤客が多いのです．この鉄道会社が運賃収入の増加を図ろうとしているのは，運賃値上げが続いていることからみて明らかです．しかし，現実には，それが裏目に出て，乗客を車の利用へと追いやっているのです．

さて，鉄道会社はどうやって乗客を電車利用へと引き戻し，収入の増加を実現することができるでしょうか？　ここで5分間の創造的集団思考法（一般にブレーンストーミングと呼ばれる）をやって，意見を出しあってみましょう．ブレーンストーミングは，何人かが集まって，自由に，創造的な意見や思いつきを出しあう手法です．著者なら

第4週

こんな提案をします．

1. 通勤電車に1両増結し，運動で汗をかく場所（ジム）を提供する．車両にはサイクリング・マシーン，ボート漕ぎの機械，その他の筋肉トレーニング用機器を置く．車両は十分大きいので，シャワーと着替え用の仕切りを数個設置する．ジムを利用する乗客は追加料金を支払い，2時間の通勤時間を無駄なく過ごす．ジム利用者にはさらに利点が考えられる．車内で運動し，シャワーを浴び，着替えて出勤できるので，スポーツウェアで乗車できること，朝シャワーを使わずに家を出られることである．
2. 同様の発想から，車内に理容室，美容室を開業する．
3. 毎日ではないが週に何日かは出勤するという乗客にとって，定期券を買うのは割高で無駄になるが，そうかといって毎回出札窓口に並んだり，その都度電話で切符を予約したりするのは，大きな苦痛のはずである．そこで，通勤用にクレジットカード形式の磁気カードを導入し，通勤客には乗降駅に設置された読み取り機にカードを通してもらい，利用の確認をする．支払いは1か月分まとめて後払いとし，銀行口座から引き落とす．利用明細は毎月送付，不正防止のため，車掌が車内で携帯式のカード読み取り機を使い検札をする．
4. 車内で子供が騒ぐことがある．車両の端の方で幼児が火がついたように泣いている場面では，母親はおろおろし，向かいの座席の女性が険しい表情で見ている．こんなことがないように，子供連れの乗客専用の車両はできないだろうか？　そこにはおむつ交換台や，哺乳瓶の保温器や，ベビーベッドや，遊び用スペースを備え，車窓から外を眺める子供の目にとまるようなものを題材にして，ゲームをいくつか用意する．

2番目の理容室，美容室という発想には無理がありそうですね．確かに仕事で忙しい人には，時間がかかる理容室，美容室に行くのが億劫だという人も多いですが，そうかといって，がたがた揺れている高速電車の中で，顔の近くに刃物を持ってこられるのは，誰でも嫌がるはずです．しかし，ほかの着想（1番目，3番目，4番目）には可能性がありそうです．

 ここで重要なのは，考えが浮かんだら，それを分析しないでまず書きとめることです．そしてあとになって，より批判的な目で，再度その考えを検討してみるのです．つまりブレーンストーミングを2段階で行なうわけですが，これは「青信号・赤信号」方式と呼ばれています．青信号段階では，あなたの頭にぽっと浮かんだアイディアを，片っ端から書きとめるのです．どんな奇抜な思いつきでも捨ててはいけません．そして次に赤信号段階で，書きとめられたアイディアを全部再検討し，問題点は何かを考えます．こうして最初のアイディアに改善を加え，良くないものは破棄するのです．

 以上の作業は継続して実行しましょう．どこにいても，常に現状に改善が加えられないかを考え，何かビジネスアイディアを生み出す努力をしてください．

 では，事業機会発見のための第2の重要点を見てみましょう．それは，人の話を敏感にとらえる耳を持つことです．人々が話していることの中に，彼らはどんな問題で困っているか，どんな不満を抱えているかを聞き取りましょう．そうすれば，人々の悩みの解決のために，そして彼らが欲しがっているものを提供するために，自分ならどんなアイディアを生み出せるかを考えることができます．

 こんな声を聞くことがあるかもしれません．「この国にも北欧のような美味しい低アルコールビールがあるといいのに．」（実は著者もそ

う思います．読者の中で誰か，これをヒントにしてくれるとうれしいですね！）さて，あなたは，ここからどんな事業機会を見つけるでしょうか？　初歩的な考えは，低アルコールビールのもっと質の良いものを輸入するということでしょう．次の段階は，北欧メーカーからブランドと製法特許を買って，国内生産することです．もっと本格的にやるなら，あなたが自分で製法を開発し，自分のビール会社を創業し，有名ブランドの大規模企業に育てるという方法があるでしょう．

　今週の終わりまでに3つ，事業機会を見つけてみましょう．今後も，毎週必ず1つは何かビジネスアイディアを考え，書き出すように努力すべきです．完成度の高いものである必要はありません．何か事業機会を発見しようとする行為そのものが大切なのです．必ずしも，あなた自身が実行することを前提にしたアイディアばかりでなくてもよいでしょう．いまは「事業機会発見頭脳」と「事業機会発見筋力」を鍛えているのだと思ってください．

販売力

　ものを売るということをいささかでも学ばなければ，あなたの事業に大きな成長はありえません．凄腕のセールスマンになる必要はありません（実際，ならないのが理想的です）が，販売に抵抗感がなくなり，少しずつでも売り方が上手になるということは，起業家には必須の条件です．それには繰り返し実践するしかありません．

　実践の方法はいくつか考えられます．以下を参考にしてください．

1．フリーマーケットの一角に場所を取り，古本，レコードやCD，衣類，装飾品など，何でも売ってみる．
2．勤務先の現在所属している部署の中で，今よりもっと販売に関係がある仕事に，短期間でも関われないか試みる．販売担当の部署

に所属していても，直接は電話セールスや顧客訪問に携わっていない場合もある．その場合は，自分にもやらせて欲しいと，上司に伺いを立てよう．上司が喜んで受け入れてくれる可能性は高い．
3. 地元で事業をしている人，商店を経営している人などに，販売の仕事を手伝いたいと申し出てみる．何週間かの期限付き，土曜日だけというのでもよい．

交渉力

 起業家が唱える呪文があります．「世の中何でも交渉次第！」事業を開始したら，顧客に売る時も，調達先から買う時も，もっとも有利な条件を得るために，まず交渉が避けられなくなります．ただし交渉というものは価格についてするものではありません．一定の価格で，買い手にとって最大の価値のある商品やサービスをどう購入するか，あるいは一定の商品やサービスの販売により，売り手にとって最大の価値をどう実現するかというのが交渉なのです．つまり，売り手の立場に立とうと，買手の立場に立とうと，あなたは価値について交渉しているのです．スーパーマーケットで，10個買ったら半額という安売りのマグロの缶詰を買って，節約できたと喜んでも，実はマグロ嫌いだったら，何の意味もありません．

 交渉力を鍛える機会はいくらでもあります．ただし，あつかましいとか，失礼だとか思われることも多少あるかもしれません．職場で，同僚や購入先や販売先を相手にして，何か交渉を行なう機会をもっと作ってみましょう．そして，「もう少し多くもらえない？」，「もう少し安くならない？」などと，思いきって大きめの要求をしてみましょう．

 交渉力を訓練する機会として意外に役立つのは，あなたにかかってくる何かを売り込もうとする電話です．普段はわずらわしいと思うで

しょうが，次にそんな電話を受けた時は，少し長く話して，相手に値段，条件などを言わせ，それをもとに交渉してみるとよいでしょう．値切れるだけ値切る，試供品を出させる，そのほか何でも要求してみることです．もともと欲しくないものについて交渉しているのですから，思い切った要求ができるのがこの訓練の最大の利点です．しばらく練習したら，まったく話しにならないような身勝手な要求を出してみて，相手が同意しなければ電話を切ることです．

交渉には黄金律（ゴールデンルール）があります．その1は，何にせよ要求しなければ得られないということ，その2は，お互いに相手をだましてはならないということです．

2番目のルールについて考えましょう．取引の交渉を終えて，もしあなたか，相手か，どちらかが，うまくやられたと感じたとしたら，お互いに同じ相手とはもう取引をしないでしょう．その意味で，こういう交渉は双方の負けなのです．相手はいざ知らず，あなたは今後，交渉ごとにあたっては，お互いが納得できるよう心がけるべきです．

あらゆる機会をとらえて，交渉力を鍛える訓練をしましょう．交渉に臨んでは，買うものの値段を少しでも割引させるか，何らかの「おまけ」を少しでも多く獲得できるよう頑張るか，いろいろ努力してみることです．

忍耐強さ

起業家に必要な資質の最後は，あきらめない気持ちです．これを身につけなければなりません．これこそが，成功する起業家と，挑戦はするが成功を勝ち取れない起業家とを分ける分岐点なのです．起業の過程では数え切れないほどの難題に直面するはずです．時には解決不可能と思う問題もあるでしょう．しかし，必ず突破口はあるものです．そして，それを見つけだすのは決してあきらめないという気持ちなの

です．著者の友人には，今は非常に成功している事業経営者が何人かいますが，彼らも厳しい状況の中でほとんどすべてを失いかけた経験を持っています．彼ら成功者は，巨大な障害物にぶつかっても，何とか切り抜けられるという確信を失わず，あきらめず，最後には成功したという人たちです．飛びぬけて忍耐強い少数派が，成功者になるのです．

自分の思ったことをやり通すといっても，周囲の人を無視してわがままを通すということではありません．あらゆる困難を，冷静にさりげなく切り抜けながら，道を切り開くのです．頭を使い，身につけた交渉術を駆使し，人当たりよく，通常の限界以上の忍耐力を発揮するのです．要するに，絶対にあきらめないことです．

地元の銀行と会計士について

事業を立ち上げれば，銀行口座が必要になります．経理処理を引き受けてくれる人も必要でしょう．銀行員や会計士には，人脈作りの交流会に行けば必ず出会うはずです．一度に3，4人に出会うことも珍しくないでしょう．

でも本当は，取引銀行や会計事務所については，誰かに推薦してもらうのが最良の方法です．ですから人脈作りの交流会では，知人や，実際に事業を経営している人を見つけて，彼らがどこを使っているかを聞いてみましょう．なぜそこを選んだのか，満足しているかどうかもたずねてみましょう．

意見を聞けそうな事業経営者を誰も知らない場合は，電話帳で銀行や会計事務所名を探し出し，直接電話をかけましょう．あなたのニーズにあった担当者の名前，連絡方法を聞き出すのです．数週間後には，事務所を訪問して，直接相手について確かめる機会を持てるはずです．

企業取引分野での主要な銀行は，イギリスでは，HSBC（香港上

海銀行)，ナショナル・ウェストミンスター銀行，スコットランド銀行，スコットランド・ロイヤル銀行，ロイズ TSB 銀行，バークレイズ銀行，コーポラティブ銀行，アビーナショナル銀行です．

　起業家は皆，どこかの銀行との交渉で，苦い経験をしています．著者の場合は，相手はバークレイズ銀行でした．バークレイズの調査は，簡単すぎるうえ非科学的だとして，本書に登場する何人かの起業家にも不評でした．なかでも，トレントン・モスやジョナサン・エルビリッジとは，まったく反りが合いませんでした．とはいえ，判断を下すのはあなたです．面談の結果などを踏まえて決めてください．

　次に，会計士を探す件ですが，大監査法人（アーンスト・ヤング，プライスウォーターハウス・クーパーズ，KPMG など）を訪ねるのは，あなたの事業が成長してからということにして，この段階ではやめた方がよいでしょう．今のあなたには料金が高すぎると思います．もっと規模の小さい，地元の会計事務所について調べてみましょう．

　ただし，今週は名前と連絡先を聞くだけにしておきます．連絡を入れて面談を申し込むのは，もう少し先になってからでよいでしょう．

起業家の言葉

★　ロバート・ハートは，より優れたデザインのスキューバダイビング用具を開発する事業を始めたいと考えていた．いつもこのことを考えていたある日，思いがけないところでひらめきが湧いた．

「ある日私は，ロンドンのリバプールストリート駅のプラットフォームを歩いていた．男も女も子供も，何百人という人が，色も形も大きさもさまざまなリュックサックを背負っているのを見

た時，私は，リュックサックが，ここ10年以上の間に，ハンドバッグの類を押しのけて，いろいろな場面で使える定番品としてすっかり定着したのだということを実感した．そして，これが水の中でも使えたら面白いのではないかと考えた．そこで，新方式のスキューバ用具としてリュックサック型を採用してみた．すっきりしていて使いやすく，魅力的なものができ上がった.」（ロバート・ハート……「ミニ・ブリーザー・ホールディングス」創業者）

★ 「私は，自分の強みはただひとつ，事業機会を発見し，それを実際の事業に結実する能力だと思う．それには膨大なエネルギーと強い意志が必要だが，やらなければどんな事業も生まれない．とはいえ，絶対成功するのだという確固たる信念は，できるだけ人を不快にさせずに，感じよく表現するのが私の流儀だ．我を失って急に怒り出したり，人に向かって怒鳴ったりせず，誰かに何かを強制するよりは，相手が自分でやる気になるように仕向けることを心がけたい.」（ピーター・ウイルキンソン……インターネット接続サービスの「フリーサーブ」創業者．ほかにも数社の経営に成功，サンデータイムズ紙の資産家ランキングにも登場する.）

★ 「私の見るところ，大きな仕事を達成した人は，強力な社会的なつながりを持っているようだ．彼らはとにかくよく人に会う．その結果，何かに挑戦し，問題に突き当たったような時は，一般の人々よりも幅広く，世の中のいろいろなグループの力を利用できる．とにかく外へ出て人に会うこと，これが成功の秘訣の第1点だ．

> 　第2点は，積極的な人間であるということだ．物事の一番良い面を見る人，他人が気づかない可能性に気づく人がいる．彼らは前向きで，陰気なところや悲観的なところがない．結局，積極的に何かをやろうという意思が，人を成功に導くのだろう．これに加え，専門用語でいうところの「感覚的知性」の水準が高い人，すなわち，自分を取り巻く世界で何が起きているかに常に敏感で，自己の位置づけを正しく認識できる，そういう人も成功に近いところにいると私は思う．
>
> 　さらに加えて言うならば，成功者となるには忍耐強くなければならない．何かを始めたら，それにこだわることだ．早くあきらめる人が多すぎる．目的を達成した人というのは，障害に出会ってもあきらめて放り出すことなく，別のやり方を探して，ひとつのことに何回も挑戦している．多才で，柔軟で，問題の解決策を発見する手法を身につけている．結局彼らは，自分の人生のゆくえを自分で制御しているということだ．自分自身が今ある自分を作ったのだという自覚と責任を持つ．つまりは，成功者とはバスで運ばれる人間でなく，バスを運転する人間なのである．」（リチャード・ワイズマン……『成功における幸運という要素』の著者）

今週の活動一覧

1．何でも肯定的に，前向きに！
2．人脈を作れ．
3．いつも，事業機会を見つけようという意識を持つ．今週中に少なくとも3つはビジネスアイディアを出し，書きとめる．
4．ものを売るには練習がいる．職場でその機会を作る．そのほか，

車のトランクに不用品を並べて売るガレージセールなど，どんな機会でもよい．
5．あなたにとって重要な買い物や取引に関して，何らかの交渉を試みる．
6．忍耐強く！
7．今後利用できると思われる地元の銀行，会計士の名前を調査する．

連絡先

人脈作りに役立つ先としては以下のようなものがある．

- あなたの地域の商工会議所．電話帳で調べるか，著者のウェブサイト www.flyingstartups.com で検索すること．
- イギリス起業家協会 (Institute of Entrepreneurs)．イギリスにおいて設立中の専門家による新しい組織．運営は起業家が行なう．公的にも認知されている．(サイトは www.ientrepreneurs.co.uk)
- イギリス青年会議所 (Junior Chamber UK)．積極的で，野心的な若手経営者が集う魅力的な組織（会員は40歳以下に限定）．構成員は大企業の若手エリート管理職ないし独立事業経営者で，活動目的は自己啓発，人脈形成，娯楽など（著者の経験では，娯楽部分がほかの目的と同じ程度に重要視されている）．

あなたが参入しようと考えている事業の業界団体も役に立つはずである．まったく知識がない場合には，インターネットで調べるのがよい．

役立つ情報源

- Richard Wiseman, *The Luck Factor*. (Arrow)

成功者は，より多くの幸運を呼び寄せるために，人とは異なるどんなことをしたのか？　この本は，著者が，成功における幸運という要素の役割を徹底的に調査した結果をまとめたもの．調査結果とあわせて，より大きな幸運のつかみ方をどう修得するかも教えてくれる．

● Michael Heppell, *How to be Brilliant.* (Prentice Hall Business)
　あなたの意欲をかき立たせ，積極性を身につけさせる優れた本（Red Audio から CD も出ている）．

今週の重要用語
「人脈（ネットワーク）の構築」：仕事上および社会生活上で接触可能な人のつながりを，幅広く作ること．交流会への参加，団体への加入，現在の人脈の利用などを通じて行なう．

今週の標語
最初の顧客に誰がなる？

第5週：ビジネスアイディアを生み出せ

> **今週の要点**
> 1．ビジネスアイディアを生み出す．
> 2．すでにビジネスアイディアを持ち合わせている場合は，以下の方法を用いて発展させる．
>   ⅰ．問題点追求法（先週からの継続）
>   ⅱ．ブレーンストーミングによる取捨選択
>   ⅲ．専門性活用法
>   ⅳ．既存事業改良法（場所，高級感，こだわりを変えてみる）

すべてはあなたのビジネスアイディアから

あなたが今まで聞いたことのあるどんな会社も，事業も，その起源はすべて，起業家精神に富んだひとりの人間，ないしはその小集団によって立ち上げられたものです．世界的な有名ブランドもその例外ではありません．

たとえば，スターバックスを取り上げましょう．著者は今，今日の予定の会議を終えて，この章をロンドンのあるスターバックスの店で書いています．国際的に知られたブランドであるスターバックスは，世界中に数千のコーヒーショップを経営しています．あなたや私の零細な事業とは比べものにならないこの巨大企業は，きっと大資本が始めた事業にちがいないと思わせます．

ところがこれは，コーヒーショップのチェーン店を展開しようという，ハワード・シュルツという個人の着想から始まったものなのです．

イタリアを訪れた時に触れた，コーヒーバーという文化に魅せられたシュルツは，自分の住むシアトルにその文化を持ち込んでみようと決意します．やがてシアトルでもコーヒーバー文化が好まれることがわかると，彼はそれを全米に，次に全世界へと広めていきました．

今日は暑い日なので，実は私はコーヒーではなくフルーツドリンクを注文しました．これはイノセント・ドリンクスという会社の製品です．この会社は20代の若者3人組が創業したものです．彼らは友人で，いずれもそれまでの会社勤務に満足できず，一緒に事業を立ち上げたいと考えていました．皆，絞った果物で作る飲みものが好きで，家では自分で作って飲んでいたのですが，市販の飲料には不満を感じていました．添加物がいっぱい入ったものばかりで，自家製の持つ風味も欠けると感じられたのです．ここに事業機会を見出した彼らは，健康に良くて美味しいフルーツドリンクの生産事業を起業，今では大きな成功という果実を生んでいます．

このように，世界ブランドの会社と，急成長中だがまだ小さいイギリスの国内企業という，2つの規模の違う企業を見てみました．この2例は，たまたま著者が今，この章をその製品とサービスを消費しながら書いているという理由で取り上げたのですが，いずれの会社も，起業家精神とビジネスアイディアとを持つ個人ないしグループが創業したものです．

あなたも，身の回りのものを改めて見つめ直してみてください．普段使っている製品や利用しているサービスに関して，それらを提供する会社の事業内容を知っていますか？　誰がどんな事情で始めた会社かを聞いたことがありますか？　重要なのは，事業というものは例外なく，誰かが，あなたと同じような誰かが，何らかのビジネスアイディアをもとに立ち上げたものだということを理解することです．この章の末尾に，そうした人々を描いた本をあげておきました．いずれ

も興味深い読み物です．私たちと変わらない普通の人間がいかに大きな事業をなし遂げられるかを知ることは，大きな励みになるはずです．

事業立ち上げの出発点であるビジネスアイディアを得るにはどうするか．それを考えるのが今週の起業準備活動です．あなたがすでに自分の事業案を持っている場合でも，それをより充実させるのに役立つと思います．

既存事業改良法

ビジネスアイディアを得るには，何も髭もじゃの変わり者の発明家である必要はありません．スターバックスとイノセント・ドリンクスの例を読んで，何か気づいたことはありませんか？ 両者とも創業者は事業の中核をなす製品やサービスを発明したわけではありません．ハワード・シュルツはコーヒーバーを発明したのではなく，イタリアでそれを好きになり，アメリカにそれを持ち帰り，アメリカ人の好みに合わせる工夫をほどこしただけですし，イノセント・ドリンクスの創業者たちも，果物から飲料を作るということを発明したのではなく，添加物のない飲みものを求める消費者に照準を合わせて，製法に改良をほどこしたにすぎません．

マクドナルドはハンバーガーの発明者ではなく，ロンドンのサンドイッチ店プレタ・マンジェはサンドイッチの発明者ではなく，英国航空は航空機の発明者ではないなど，同じような例は枚挙にいとまがありません．何かおかしな機械の新発明のために，半年も庭の片隅の小屋にこもるような，そんな発明家にならなければ新事業の種を生み出せないわけではないのです．すでにある事業に改良を加え，消費者により大きな満足を与えるという分野に，事業を成功させる機会は何千も存在しているのです．

既存の事業に改良を加える場合の注意点

すでに販売,提供されている製品やサービスに,あなたの狙う顧客層に合わせた変更や改良をほどこす.これだけで成功する新事業を作ることができるのですが,その場合,変更や改良には3つの方法があります.

● 場所を変えたらどうだろうと考えてみる

　すでに実際に行なわれている事業のやり方を,まだ行なわれていない別の場所に持ち込んだら成功する可能性があります.あなたの国から外国へ,外国からあなたの国へ,あるいは国内のあなたの住む町から別の町へ,別の町からあなたの町へ,その土地の好みを考慮しながら事業を移植してみるのです.この好例は,やはりスターバックスですね.創業者ハワード・シュルツがイタリアである事業を見つけ,これは自分の住むシアトルでも定着するぞと読み,地元の消費者の好みに合わせた改良を加えて導入したのです.

　外国や国内のほかの都市にあって,あなたの住む場所にはない製品やサービスは何でしょうか? それをあなたの町に持ち込むことはできないでしょうか?

　場所を変えるという発想には,もうひとつのやり方があります.どこでも売っている製品を,消費者にとってもっと便利な場所で売ったらどうかと考えることです.顧客の家を訪問して販売する方法(化粧品,下着などで行なわれています),カタログによる通信販売などです.電話やインターネットでの販売(保険や書籍など),職場への巡回販売(サンドイッチなど)という方法もあります.あなたの事業でもこれらを応用できないでしょうか?

- 高級感，実質本位のどちらかを強調してみる

　すでに実際に行なわれているビジネスアイディアを使っても，より高級感を強調するという工夫を加えることによって，顧客層を絞り込んだ新事業に仕立てることができます．逆に，すでにある製品やサービスを，より実質本位なものに変えるという工夫によって，幅広い顧客層を目指す新事業に作り直すこともできるのです．

　イギリスのイージージェットや，アイルランドのライアンエアーという航空会社は，付加的なサービスをすべて削ってでも運賃を下げ，空の旅をより広範な顧客層が利用できるものにすることで，事業機会が広がると判断しました．同じ発想を家具の製造販売の世界で行なったのがスウェーデンのイケアです．

　一方，イギリスでは，多くの小規模な独立系ホテルやレストランで，高級感を増すことでより上質な顧客の獲得を目指そうという動きがあります．たとえば多忙な共働きの夫婦に，週末の隠れ家として使いたくなるような場所を提供する，仕事で都心に通ってくる人々には，週日だけの素敵な居住空間を便利な都心に提供するといった試みです．高級化という方向に，より大きな事業機会を見たわけです．

　既存の製品やサービスを改良して高級感を強めることで，あなたが目指す市場の顧客ニーズにぴったり合うという，何かそんなものは思いつきませんか？　逆に実質本位を強調するという方向ではどうですか？　事業機会を発見するには，こういう発想法が重要なのです．

- こだわりを強調してみる

　すでに行なわれている事業のやり方に，何か自分流のこだわり

を加えると，新しい事業に生まれ変わります．個性のある企業，自社の製品やサービスにこだわりを持っているのがわかる企業，顧客に対する愛情が見える企業，そういう企業とつき合いたいというのが，最近すっかり定着した消費者の傾向です．新しい事業機会が生まれるという意味で，これは重要な傾向であり，起業家にとっては特に有利な傾向だといえるでしょう．

　先に紹介したイノセント・ドリンクスのウェブサイトをのぞいてみましょう．そして彼らの愛やこだわりを感じてみましょう．製品を買って飲み，容器のラベルを読んでみれば，もっとよくわかるはずです．イノセント・ドリンクスの創業者たちは，事業に愛情を込めるため何をしたのでしょうか？　まず彼らは，フルーツドリンクは添加物のないものがよいというこだわりを持っていました．このこだわりを大切にし，自分たちが欲するものは自分で作り，そしてそれを事業にしたのです．マーケティングにもこだわりました．大企業並みの金のかかったパンフレットやウェブサイトによるのでなく，自分たちの思いを表現するため，宣伝ビラを自宅で作り，広告のデザインは自分で決め，ウェブサイトの宣伝文は自分で書くというやり方を取りました．コールセンターなどは使わず，顧客との直接的な接触を大切にしました．こうした活動を，彼らは楽しみながらやったのです．

　イノセント・ドリンクスの創業者のこだわりが最大限に発揮されたのは，人材を採用する時でした．彼らは，採用するのはこだわりのフルーツドリンクに対する情熱を共有できる人物だけと決めていました．事業にも顧客にも，創業者と同じ前向きの姿勢で臨む人間であることも条件でした．少数の経営責任者だけが情熱を持っていても，チームの構成員にやる気がなかったら，こだわりと愛情の上に事業を築くことなどできません．このことをイノ

セント・ドリンクスの創業者たちは知っていたのです．

さて，あなたの場合，日頃の生活の中で，何かこだわりの分野がありますか？　その分野で愛情を注げる事業ができないか，ビジネスアイディアを練ってみませんか？

理屈のうえでは，顧客をわざと冷たくあしらって事業の新規性を出そうという，先ほど述べたやり方とは反対のやり方もあるでしょうが，それには触れません．そんなことは誰も試みないでしょう．

専門性活用法

自分の専門性を使ってビジネスアイディアをひねり出すという方法もあります．専門性といっても，必ずしも職業上の専門性，特に現在従事している仕事に関するものとは限りません．もちろん職業上の専門性に基づく発想は重要なのですが，趣味の世界での専門的知識や技能，家事に関する熟練など，生活のあらゆる分野に広げて考えてみることの大切さも理解すべきです．

問題点追求法

問題点追求法ともいえる事業機会発見の訓練は，先週から続けている方法です．今までに何か，これだと思える事業の構想は浮かびましたか？　人々はどんな問題を抱えていそうですか？　まだ満たされていないニーズはありそうですか？　何らかの解決策を，あなたが提供することはできそうですか？

ブレーンストーミングによる取捨選択

ブレーンストーミングのやり方については，先週紹介しましたね．それ以前にも何度か経験したという人もいるでしょう．しかし，今週

のブレーンストーミングは，ビジネスアイディアを得るための真剣勝負です．

念のため復習しますが，ブレーンストーミングには2段階あります．最初が青信号段階，次が赤信号段階です．青信号段階では，あなたの想像力を幅広い分野に自由に遊ばせて，怪しげなアイディアでも何でも思い浮かべるようにします．青信号の段階では，思いついたアイディアに優劣をつけたり批判したりしないこと．これは，ブレーンストーミングを行なう場合に特に重要な注意点です．参加者全員に，自分も何らかの形で役に立ちたいという意識を持たせることが必要なのです．思い浮かんだアイディアは，ただ単に馬鹿げて見えようとも，必ずすべて書き出しておきましょう．

次の赤信号段階では，出されたアイディアをすべて批判的な目で点検します．まず，いかにも無理があると思われるアイディアはこの段階で取り除き，残りに検討を加えて，残すもの，捨てるものを選び分けたり，一部修正したりします．成功の可能性が高いと考えられるアイディアだけを残すわけですが，その中には，きらりと光る，素晴らしいものが混じっていたりするものです．それらを，さらに注意深く分析し，検討しましょう．その際の視点は，このアイディアの強みと弱みは何か，事業化がむずかしい個所はどこか，どのくらいの市場規模が期待できるかなどの点に置きましょう．

今週の締めくくり方

青信号方式のブレーンストーミングを毎晩行ない，週末には赤信号方式でそれらを分析し，整理する．この作業を今週中きちんとできたら素晴らしいですね．きっとあなたは，自分が思いつくアイディアの範囲の広さと質の高さに驚くに違いありません．もし，本当に真剣に深く考え続ければ，「これぞ本物！」というひらめきの瞬間さえ訪れ

るかもしれません．

とはいえ，「いろいろ思いつきはしたが，どれもこれも皆，今ひとつぴんとこないなあ」といって，アイディアをすべて捨てるような羽目になる可能性もあります．もしそうなったら，次週の段階へ行くのを1週間遅らせても構いません．そしてもう1週間使い，あなたがこれだと納得できるビジネスアイディアに出会うまで，ブレーンストーミングを続けましょう．実際の起業事例を研究したり，起業家とインターネットでチャットができるウェブサイトを探すのも良いでしょう．本書の関連サイト（www.flyingstartups.com）も参照してください．

エマのビジネス着想

再びエマの登場です．彼女はもう自分の事業の構想を持っています．

彼女は，職場での昼食に不満を感じています．昼食の時間をあまり取れないので，レストランやコーヒーショップまで出かけて行って，ゆっくり座って食事というわけにはいきません．大体は買ってきたものを机で食べます．美味しくて健康にも良いものを食べたいと思うのですが，買えるのはサンドイッチだけ，しかも近くのサンドイッチ屋は，どこも中身に工夫がないのです．1件だけ斬新なものを作る店もあるのですが，いずれにせよ毎日サンドイッチばかりでは飽きがきてしまいます．冬場になれば暖かいものが欲しくなりますが，温かくて手軽なものといえば，あまり健康に良いともいえないファーストフードくらいです．もし，上質の材料を使った，美味しくてからだにやさしいものを買えるなら，余計にお金を払ってもいいのに．エマはそう思っています．

休暇でオーストラリアに行った時，エマは，健康に配慮したファーストフードを販売しているチェーン店というものが存在することを知りました．彼女が見つけた店の名前は「スモウ・サラダ」，彼女はこ

のビジネスアイディアのとりこになってしまいました．彼女は今，健康志向で味も良いファーストフードの店を開きたいと考えています．そして，長期的には，それをチェーン店として展開したいというのが夢なのです．

あなたの「法定信用記録」について（先々週の続き）

　先々週，信用調査会社に申し込んだ法定信用記録は，そろそろあなたの手元に到着しているのではないでしょうか．イギリスでは，費用を添えて申込みがあった場合，信用調査会社は7日以内に信用記録を作成し，申請者に交付しなければならないと決められています．もしまだ到着していない場合は，強く抗議すべきです．

　信用記録が到着したら，記載内容を点検しましょう．読み方は，同封されている案内書を見てください．すべて問題ないようであれば，ほっと一安心です．起業準備に戻りましょう．

　もし，何かあなたに不利になるような記載事項があれば，以下のような手続きをしてください．

1．不利な記載事項が事実を反映している場合には，まず，そのような記載がなされた原因となる問題を解決しなければなりませんね．第3週の連絡先一覧を見直して，どこか適当な地域の相談窓口などに助言を求めましょう．信用調査会社に直接連絡してみるという方法もあります．あなたが何をすれば，調査会社は不利な記載事項を変更ないし削除してくれるのかを確認するのです．
2．不利な記載事項が事実を反映していないと思われる場合には，対処の仕方が同封されている案内書に書かれていますので，それにしたがえばよいでしょう．第3週の連絡先一覧に掲げられた信用調査会社のひとつに相談するという方法もあります．

法定信用記録に，あなたに不利な記載事項があると，たとえそれが些細なものであっても，大きな問題の原因になりかねないのが，今日の風潮です．銀行の事業用口座が開けない，仕入れ先や外注先から取引を拒否されるといった事態が起こりかねません．信用調査会社と，そこに情報を提供している金融機関などには，より厳しい規制が課せられるべきだと著者は考えます．個人の信用記録に記入する情報の選択には，より高い選別基準が設けられるべきでしょう．信用調査会社の影響力の増大は，今，イギリスの起業家的風土を発展させる上で深刻な障害になりつつあります．

起業家の言葉

★　ジョン・バーンズは，社長を勤めていたケンタッキー・フライドチキンを辞めて，北イングランドのヨークシャーにあるフィッシュ・アンド・チップスの店を1軒買った．店の名前は「ハリー・ラムゼン」．彼はそれを全国ブランドに成長させた．

　「私は学生の時，サッカーの試合でヨークシャー地方のリーズに出かけたことがあり，ハリー・ラムゼンというフィッシュ・アンド・チップスの店に何度か入ったことがあった．そこは普通のフィッシュ・アンド・チップス屋とはまったく違う世界で，シャンデリアが輝き，じゅうたんが敷かれた，素晴らしい，昔懐かしい雰囲気のある，巨大なレストランだった．印象は強烈で，実物よりもずっと立派なものとして，行くたびに心に刷り込まれていった．

　イギリスには，アメリカ式のチキンの有名ブランド店があって，大成功を収めている．イギリスの代表的ファーストフードである

フィッシュ・アンド・チップスにだって，全国ブランドの店があってもよいはずだ．ケンタッキー・フライドチキンで同僚だったリチャード・リチャードソンと私は，そう考えた．そして，私がハリー・ラムゼンのことを話すと，リチャードは，2人でその店を買い取って，大きなブランドに育てようと提案した．」

ジョン・バーンズは，このほかにも複数の起業に成功している．

★ サハー・ハシェミは，ニューヨークで働いていた頃知った，イタリア式のカフェバーが大好きになった．やがてロンドンに戻った時，同じようなカフェバーは街のどこにもないのに気がついた．

「全体的な雰囲気を気に入っていた．ただしそれは，利用する顧客としてカフェバーに恋したのであって，事業になるとは考えなかった．ある時，私は弟に言った．"本当にあの雰囲気が恋しいよ．ロンドンにも似たような店があればいいのになあ．"それを聞いて弟は，これこそはビジネスチャンスだと考え，自分たちで始めてしまうのが一番だと私を説得した．」サハーと弟はアイディアを煮詰め，コーヒーリパブリックの創業にまで持っていった．

★ かつての世界的サッカー選手トニー・ドリゴは，現役生活を終えるにあたり，自分がどんな事業をできるか考えた．

「私は，サッカー選手が生活のうえで不自由しているものを，何でも提供するサービス会社をやったらどうかという構想を持った．最初は，選手たちが欲しがるぜいたく品，たとえば高価な時

計やプラズマテレビ,海外での休暇などを販売した.しかしその後,自分が現役だった頃の経験も踏まえて,所属クラブを替わったり,各国を転戦したりする選手たちのニーズをもっと深く考えた時,もっともっと事業の可能性はあると思うようになった.

　移籍によって見知らぬ国へ移り住むことになった選手と,その奥さんのことを考えてみよう.まず航空券の手配,その後もホテルの手配,住居を構えるのに適切な場所探し,子供がいれば学校の調査も必要だ.いざ家族が来るとなれば,レンタカーが必要だろうし,家の掃除,庭の手入れなども,誰かに頼みたいかもしれない.これらを全部引き受ける.気に入った家を見つけた場合でも,少し増築したいなどということもあるだろう.こんな場合は私の会社で,住宅部門の責任者が,建築業者からの見積りを取り,どれが一番有利かを選び,関連するすべての業務を引き受ける.」

　起業家トニー・ドリゴは,この事業をさらに発展させ,世界のVIPが望む各種サービスを幅広く提供する事業,「ザ・ワン・クラブ」へと展開した.

★　ビル・ゲイツは,マイクロソフトを始めた頃のことをこう言っている.「その頃は,ソフトウェア産業などというものは存在しなかった.ソフトウェアは,ハードウェアメーカーが,製品ができたあとに,いわばついでに作るもので,人々の頭の中心にあったのはあくまでもハードウエアだった.しかし,私たちは,こんな状況はぱっと変わるに違いないという見通しを持っていた.ハードウェアはこれからも重要だが,発展する情報技術の真の価

値を広めるものはソフトウェアなのだからと．いいさ，世界最高のソフトウェア会社を作ってみせようじゃないか．私たちはそう誓った．」

★ 「北京に数年間滞在したあとのある日，私はシベリア鉄道を使って国に帰ろうとしていた．その時ほど旅行会社のウェブサイトにいらだちを感じたことはない．どの会社のサイトも作りが悪く，ほとんど役に立たないものばかりだった．この経験が事業を生む種を私に植えつけた．翌朝，出発のため朝5時に起きた時には，私は絶対ウェブサイトの作成を支援するコンサルタント業をやるぞと決意していた．インターネットを使って事業を行なう会社が収益を上げるには，顧客が使いやすいウェブサイトが絶対必要だ，そのためのコンサルティングには需要がある．そう感じたからだ．」（トレントン・モス……「ウェブクレディブル」創業者）

今週の活動一覧

1. 今週は毎晩30分間，青信号方式のブレーンストーミングを行なう．
2. ひらめきがやって来るのは，仕事中かもしれないし，電車の中かもしれないし，どこかわからない．ひらめきの内容を書きとめるために，通勤かばんやハンドバッグには，筆記用具とメモ帳を入れておく．
3. 同じ理由で，ベッドの脇にもペンとメモ帳を用意する．
4. 今週の終わりには，赤信号方式のブレーンストーミングを行なって，週のうちに生み出されたあなたのビジネスアイディアを分析する．

連絡先

今週も,信用調査会社や相談のための連絡先が必要になる場合がある.第3週に掲げた一覧を参照すること.

役立つ情報源

成功する起業家が必ず行なう重要なことに,仲間から学ぶということがある.ほかの起業家は貴重な情報源である.彼らが書いた本を読んだり,話すことを CD や講演会で聞いたりして学習するのがよい.以下に掲げた本は,どれも読む価値がある.

- Fred DeLuca, John Hays, *Start Small Finish Big*. (Warner Business Books)
サンドイッチのサブウェイについて

- Howard Schultz, Dori Jones Yang, *Pour Your Heart into It*. (Hyperion)
スターバックスについて

- John Barnes, Richard Richardson, *Marketing Judo*. (Prentice Hall Business)
フィッシュ・アンド・チップス・レストランのハリー・ラムゼンに関するこの本では,ハリー・ラムゼンが,マーケティング費用をほとんどかけることなく,いかにして有名ブランドに育てられたかが語られている.著者たちが実行した経営上の重要施策がきれいに分析され,読者の事業への応用方法が述べられており,起業を目指す人には非常に役立つ本になっている.Red Audio から CD 版とカセットテープ版も出ている.

- James Dyson, *Against the Odds*. (Texere Publishing)
掃除機メーカーのダイソンについて

- David Hall, *In the Company of Heros*. (Kogan Page)

さまざまな業界の起業家について

- Robert Spector, *Amazon.com : Get Big Fast.* (Random House Business Books)
アマゾン・ドットコムについて
- Bobby Hashemi, Sahar Hashemi, *Anyone Can Do It.* (Capstone Publishing)
コーヒー・リパブリックについて
- Andrew Davidson, *Smart Luck.* (Prentice Hall Business)
著名な起業家たちとのインタビュー
- Ros Jay, *The White Ladder Diaries.* (White Ladder Press)
ホワイトラダー・プレスについて

もうひとつ，役立つ情報源として，www.redworld.biz/red-business というウェブサイトを紹介しておく．ここには，幅広い分野の優れた起業家とのインタビューが集められている．CD 版もあり，車の中で聞くのに最適（実は，これも著者の事業のひとつである）．

今週の重要用語
「ブレーンストーミング」：創造的集団思考法．あなたの心を自由に動き回らせて，数多くのアイディアを生み出すこと．生まれたアイディアは，その都度評価することを避け，最後にまとめて分析する．ビジネスアイディアのみならず，会社の名前，広告のキャッチフレーズなどを考える場合に役立つ．

今週の標語
最初の顧客に誰がなる？

第6週：幅広い意見を取り入れよう

今週の要点
1. あなたの事業の構想（ビジネスアイディア）を説明する技術を身につける．
2. ビジネスアイディアを知人などに話して意見を聞く．
3. 自分のビジネスアイディアを批判的に点検し，完成度を高める．
4. 社名が必要ならその候補を考え，列挙してみる．
5. 地元の銀行と面談の日時を決める．

先週の作業で，あなたはすでに自分の事業の構想（ビジネスアイディア）を固めたはずです．今週はそれをテストしましょう．せっかく考えた自分のアイディアですが，それをなんとか潰せないか，試してみてください．これにより，本当に取り組む価値のあるしっかりしたビジネスアイディアか，起業しようとする事業はあなたに適しているかを試すわけです．せっかく考えたアイディアなのに，実現するのはどうもむずかしそうだとわかればがっかりしますが，しかし，がっかりするのなら今のうちがよいのです．6か月後に，あなたの事業が始まったあとで，どうもお客が来ないなと落胆するわ，投資資金を全部失ってしまうわ，では遅すぎます．

ですから今週は，あなたの決めたビジネスアイディアが，何か問題点を持っていないかを見つけだす努力をしてみましょう．もしも問題点を見つけたら，どうしたら改善できるか考えましょう．どうしても

改善しようがないとわかったら，そのアイディアは捨てることです．そして先週の作業に戻って，別の良いアイディアを考えましょう．とにかくあきらめないことが肝心です．

ビジネスアイディアの価値を言葉で表現できるか？

　こうしたビジネスアイディアの点検，テストは，他人の批判を受けることから始まります．したがって，何はともあれ，自分のビジネスアイディアを人に説明できること，その価値を正しく伝えられることが重要になります．以下の3点について，Ａ4版用紙1枚以内にまとめて表現してください．

- どんな事業なのか
- 顧客は誰か
- 顧客にとっての利益は何か

　うまく書けるようになるには，数回の書き直しが必要かもしれません．書き直すたびに，あなたがどんな計画を持っているかまったく予備知識のない第三者になったつもりで，読み返してみましょう．わかりやすいですか？　興味をそそる内容ですか？　もしそうでもないと感じたら，もう一度書き直します．

　うまく1枚にまとめられたら，次は，その内容のうち，もっとも重要な部分だけを取り出して，短い要約文に表現してみましょう．ここでも，完成までには数回の書き直し作業が必要となるでしょう．

　エマは，自分のビジネス着想を次のように要約しています．

　"私の勤務地リーズは，金融サービス事業が集中した都市として栄えている．所得の高い専門家層が都心に通勤し，昼間人口は増加する．

こうした人々の多くは健康に気を配っており，スポーツジムに通ったり，ダイエットに取り組んだりしている．それにもかかわらず，昼食の選択肢は貧弱で，軽くて栄養バランスの良い，望ましい食べ物を買えるところはなく，多くの人はファーストフードですますか，あるいは何も食べないという状況だ．そこで，この地で，時間がかからず，健康に良く，しかも美味しい食事を提供する事業を始めることにした．事業の特徴を，豊富な品揃え，高品質，優れたサービスに置き，高めの価格設定を可能にしたい．"

　最後に，もっと簡単に，ひとつの短文だけであなたの事業を表現してみましょう．これを上手にやるのは途方もなくむずかしいことです．せっかくのビジネスアイディアを，たったひとつの文で魅力的に表現するには，おそらく，かなり長い時間をかけた試行錯誤が必要だと思います．しかし，一度うまくできれば，どんな時でも社名と一緒にこの文章を並べて示すことで，あなたの会社が何をする会社なのかを示すことができます．あなたの会社のキャッチフレーズになるのです．会社の便箋に印刷する，店の入り口に掲示する，社用車に貼り付けるなど，使い方はいろいろあります．広告の文章に取り込むことも可能です．

　ではエマの力作を見ておきましょう．

　"忙しいビジネス・パーソンこそ，早いだけではない，美味しくてからだにやさしい昼食を．当店のランチからお選びください．"

　さらに短い，キャッチフレーズにぴったりの文章もできました．

　"時間がなくても健康なお昼を．忙しいプロフェッショナルに．"

アイディア売り込みの言葉として有効か？

　ここで，いきなり，あなたのビジネスアイディアを世間の人々に聞

いてもらうのは早すぎます．事業の説明文は，事業の構想を売り込む言葉として有効か，じっくりと検討してみる必要があります．家に落ち着いて，静かに，1時間くらいは時間をかけるつもりで，考えてみましょう．

　まずは先ほど作ったあなたの会社のキャッチフレーズを，大声で読んでみます．どうですか？　次の2つの点に正直に答えてください．

1．率直に言って，そのキャッチフレーズはわかりやすいですか？　どんな事業なのか，顧客は誰か，顧客にとっての利益は何かを明示していますか？
2．そのキャッチフレーズは魅力的ですか？　あなた自身を引きつけ，高揚した「わくわく感」を生み出しますか？

　その通りならまことに結構，このまま世間にデビューです．しかし，もし少しでも自信がないと感じたら，書き直しを行なうべきです．
　事業説明文の最終目標は，どんな事業なのか，顧客は誰か，顧客にとっての利益は何かを，あなた以外の人にわかってもらうことだということを忘れてはいけません．あなたの書いた文章も，その要約文も，すべてがあなたのビジネスアイディアを売り込む言葉として適切かどうか，自分で納得できるまで，この音読と確認と書き直しの作業を行なうべきです．そして，すべて満足という段階になったら，さあ，いろいろな人びとに，あなたの起業の夢の話を聞いてもらいに出かけましょう．

特許について
　あなたのビジネスアイディアが，あなた自身の発明や，自分で開発した新しい技術の事業化を目指すものである場合には，もちろんやた

らと人に話すわけにはいきません．特許取得の可能性について，起業指導をしてくれるメンターや地元自治体の相談窓口で，慎重な相談を行なうべきです．

意見を聞く

起業活動の進行過程の中でも重要な瞬間がやってきました．ビジネスアイディアというあなたのかわいい新生児を，初めて世間にお披露目するのです．どんな事業を考えているのか，できるだけ多くの人に話しましょう．家族，友人，となり近所の知人，メンター，さしつかえなければ職場の同僚にも，とにかくできるだけ多くの人に話すことが大切です．相手が多ければ多いほど，あなたのアイディアに対する意見や反応も多く得られるのです．

あなたのビジネスアイディアに寄せられるさまざまな反応は，次の5種類に分けられるでしょう．

1. 十分な理由のない否定的反応．何の役にも立ちません．残念ですが，あなたが会う人の中には，必ず何人かこういう人がいるものです．この種の人々は「だめ出し人間」と呼ばれ，気持ちの持ち方が非常に否定的なのです．とにかく，他人が自分より成功するのが気に入らず，とりわけ，誰か自分と同じような家庭環境や学歴を背負って，同じ条件で世の中に出たはずの人が，自分より成功したりすることを，本当に恐れているのです．
2. 根拠に基づく否定的反応．これこそが，あなたにとってもっとも価値ある反応ではないでしょうか．こういう反応や意見をくれた人たちには心の底から感謝を捧げるべきです．彼らの意見こそが，事業の構想をより良いものにするうえで真に役立ち，将来の問題を事前に回避するための手掛かりになるのです．

3．ただ「うーん」とうなずくだけで，それ以上特別の反応なし．ビジネスアイディアを見た人は，どこか引きつけるものがないと思いながら，どこに問題点があるかをはっきり指摘できない．そんな場合の反応なのでしょうが，これも役に立ちませんね．しかし，彼らが悪いのか，あなたの構想が悪いのか，何とも言えません．こういう反応が多かった場合には，必ずビジネスアイディアを再点検すべきです．
4．根拠に基づく好意的反応．これはうれしい反応です．こういう反応が得られるということは，あなたは成功への鍵を手中にしているのかも知れません．あなたのビジネスアイディアのどこを気に入ってくれたのか，しっかり把握すべきです．
5．十分な理由のない好意的反応．この種の反応は，たとえばあなたのおじいさんがくれるような感想で，ともかく，まったく無意味です．愛する孫には，何かやさしい言葉をかけなければとの気持ちの表れでしょうが，成功する事業の構築には何の助けにもなりません．

　あなたのビジネスアイディアに対する意見や反応が得られたら，必ず記録をつけましょう．家へ帰ってそれらを整理し，5種類に分類しておきます．

　ここで少々脱線します．先ほど述べたように，あなたが会う多くの人の中には，何でも否定的に言わないと気がすまない「だめ出し人間」がいるものですが，そういう人の言葉には，あまり本気で悩まずに，遊び心で対処することを考えましょう．あらかじめ予想される否定的な反応をマス目状に書き出して，ビンゴのような表を作っておくのです．そして案の定，予想したような否定的意見を聞かされたら，その欄にチェックを入れます．「だめ」がたくさん並んでビンゴに

なったら，お祝いと洒落のめして，最新流行のレストランにでも出かけましょう．ただしだめ出し屋さんの目の前で「ビンゴ！」を叫ぶのは考えものです．あいつは思った以上に狂っていると思われますよ．

　ひとつ注意しておきたいことがあります．否定的な意見をくれた人を，誰でも彼でもだめ出し屋だと決めつけることは避けましょう．ビンゴカードにチェックを入れ，しめしめ，もうすぐビンゴが成立だなどと考える前に，もらった意見をじっくり分析することです．なぜ大手のX社が，あなたの始めようというこの事業に手を出していないのか？　X社は大会社すぎて，鈍重で，事業機会に気づかないのか？利益の出ない事業だからか？　率直に事実を見つめましょう．否定的な意見には，それ相応の立派な根拠がある場合も多いのです．

　受け取った意見は，どの分類に属するものでも，すべてに洩れなく，あなたの感想を添えておきましょう．

否定的意見のビンゴ・カード

そんなに魅力的な事業なら，大企業がとっくに手をつけていたはずだがね．	こんな計画，絶対うまくいかない．	すごいねえ，次のリチャード・ブランソン（バージングループ総帥）か，君も．	昔，起業して結局すべて失った人を知っていたがね．どうしたかな，彼は．
いいじゃないか．マイケル・デルの次に億万長者になるのは君だな，はははは．	そもそも事業経営の何たるかを知っているのかい？	危険すぎるよ！なぜまともな仕事に就かない（続けない）んだね？	楽な人生が夢って訳かい？　9時から5時までなんてご免，好きな時間に働きたいって？
すべて悪い方に行ったらどうするんだ？	いったいどこに，そんなことを始める資金があるのかね？	身の程を考えた方がよい．金持ちの起業家なんて柄じゃないだろう．	半年もしたらまたここへ来て，元の仕事に戻りたいなんて言うんだろうな．

批判と再点検で，ビジネスアイディアの完成度を高める

　さて次に，あなたのビジネスアイディアに寄せられたさまざまな意見を読み直し，分析して，それらをアイディアの改善にどう役立てるかを検討しましょう．（ビジネスアイディアの手直しがまったく不要ということはありえません．また，今後数か月の間に，何度も微調整が行なわれるはずです．変更は悪いことではありません．）

　この段階では，次のような問題が見つかることが多いものです．

1．ビジネスアイディアが複雑すぎる．一般の消費者には，複雑すぎる製品やサービスを理解する時間も知識もないのが普通なので，アイディアは簡単明瞭であればあるほどよいのです．
2．目標とする顧客層のニーズを正しくとらえていない．たとえば，非常に高価であっても洗練された高級品が欲しいと望んでいる顧客層に，価格の安い，センスの悪い製品を売ろうとしていること（ないしはその逆）はありませんか？
3．説得力不足．あなたがビジネスアイディアに描いた新事業は，あなたの得意分野であって，ほかには負けない専門性を備えているということを，周囲の人に納得してもらうことが重要です．
4．顧客にとっての利益が不明．あなたの製品やサービスに大事なお金を払ってもらうためには，それだけの価値があると，買い手を納得させなければなりません．あなたの製品やサービスを購入することで顧客が享受できる最大の利益は何かが，あなたの事業説明では不明確なのではありませんか？　あるいは，実は，あなた自身が，それを理解していないのではありませんか？
5．事業に愛情が込められていない．あなたの製品やサービスには，作り手の情熱やこだわりが感じられず，有名大手を含めた他社との違いが見当たらないのではありませんか？　これでは，無名の

会社に顧客を引きつける魅力が生まれません．

　さあここは，ゆっくり時間を取って，あなたのビジネスアイディアに寄せられた意見を読み，アイディアのどこを，どうやって改善できるか，今見たような，よくある問題点もしっかり踏まえて，真剣に検討するところですね．そして，アイディアに改善が加えられたら，それにふさわしい売込みの言葉を新たに作りましょう．もう一度友人に会って，改良を加えたビジネスアイディアへの反応はどうか，試してみましょう．いや，一度といわず，多くの人から満足する反応を得られるまで，何度でもこの過程を繰り返しましょう．

あなたの会社に名前をつけるため，候補を列挙してみる

　あなたの事業が会社形態をとるとして，今週を含め今後数週間で，社名の候補をできるだけ多く考えましょう．それらを一覧表にして，毎日何個か加えていきます．どんな変わった名前でも，思いついたらとにかく記録することです．名前を考えていると，事業の内容にも不思議と新しい着想がひらめくものです．友人や家族に頼んでみるのもよいと思います．きっと大勢で智恵を絞ってくれるでしょう．

　一般的に，社名は，次のような基本原則にしたがって決められることが多いといえます．

1. 創業者と関連する名前
　　フォード・モータース，マークス・アンド・スペンサー，ロールス・ロイス，ハリーラムゼン・フィッシュアンドチップスなどがよく知られた例でしょう．個人の名前をつけておくと，事業が成長した時，起業家の個性が会社に独自性を与え，競合他社との違いを際立たせることになり有利です．一方，この命名方法は小さ

な個人商店などに多いため，創業当初から，わが社は零細企業だと宣言しているのに似たマイナス面もあります．それが気になるならやめておきましょう．

2. 事業内容とまったく無関係の名前

携帯電話会社のオレンジ，インターネット小売業のアマゾン，幅広く事業展開するバージンなどがこの例です．社名に使われた単語は，それぞれの事業分野で，今や何か特別の意味を持った言葉になっています．この場合，会社名が起業家個人や，創業時の事業内容と直接結びついていないため，事業の大規模化を志す人々には賢い命名法といえるでしょう．もし，バージンがレコード店として創業した時，「ビニールサウンド社」という名前を使っていたら，のちにクレジットカード事業や携帯電話事業への参入が簡単にはいかなかったでしょう．また，もしアマゾンが，創業者の名前を取って「ベゾス・ブックス」と命名されていたら，のちに世界市場でCDや，DVDや，トースターまで販売するようになった時，いかにもなじまない名前が，事業の邪魔になっていたことでしょう．

3. 顧客にどんな利益があるかを象徴する名前

バジェット・レンタカー（格安レンタカー），イージージェット（割引便の航空会社），クイックフィット（車の修理，部品交換），カムフォート・イン（ホテル）などがこの例です．

4. 事業内容に関連し，しかもそれ以上の雰囲気や気分を感じさせる名前

コーヒー共和国という名のコーヒー・リパブリック，ピザ小屋を意味するピザハット，パソコンの世界を示すPCワールド，からだに良いものを売る店ボディショップ，気の利いためずらしいものを扱うガジェットショップなどが，これに該当すると思います．

名前の良さだけに頼ろうとするのも愚策です．会社の名前を考案するために長い時間を費やす人が多い割には，実は，どんな名前でも成功する人は成功しているのです．成功する人々は，起業と事業運営に関するほかの重要事項をきっちりとおさえているのですね．名前は平凡でも，よく知られた成功企業になっている例，何の変哲もない名前が超有名ブランドになっている例もたくさんあります．創業者の名前をつけた会社名（Alan Michael Sugar Trading）を短縮したAmstrad，家具製造業の創業者とそのゆかりの農場名から頭文字をとったIKEA，創業者名（Asquith）と家業であった酪農業（dairies）を連結したスーパーマーケットのASDA，ジェネラル・モータースやIBMなどです．命名を依頼された有名な広告会社がこんな平凡な名前を提示して，依頼主にお金を要求するなど今の世の中ではありえない，そんなありきたりの社名が，その会社にはうまく作用しているのです．良い社名，良いブランドかどうかは，社名やブランドに使われた言葉が本来何を意味するかと関係なく，あなたの会社がその言葉にどんな意味を持たせるかによって決まります．社名，ブランド名の意味を語るのは，製品やサービスの質，そして顧客の満足度です．会社名で悩んで，決定に時間をかけすぎないことが肝心です．

　エマも会社名の候補をたくさん思いつきました．エマのキッチン，ファースト・サラダ，スピーディ・サラダ，ファースト・アンド・ヘルシー，ハイスピード・ヘルス，バイタリティー，サラダ小屋，おいしさ特急，トマト，健康特急ランチなどです．そして，最後に到達したのがレーシング・グリーン（Racing Greens）です．レーシング・グリーンは，かつてイギリスのF1カーレースチームが着用したユニフォームの色であり，文字通りの意味はグリーンの競争者ですが，「仕事がんばり，からだいたわり主義者」という意味を持たせることもできるとエマは考えました．そして，これがすっかり気に入っています．

地元の銀行との面談

ビジネスアイディアに感想を寄せてくれた人々や，すでにあなたが開拓した人脈の中から，地元にある銀行の行員を3人ほど選んで，面談を申し込みましょう．相手が熱心な人なら，週日のあなたの仕事のあとや，土曜日の午前中などでも会ってくれると思います．時間外に会うのを嫌うような相手なら，無理に会うことはありません．将来，あなたが問題に直面した時に支援してくれる人物ではないでしょう．

この段階で銀行を訪ねるなんてまだ早すぎると思うかもしれませんが，そんなことはありません．起業融資に前向きな銀行の責任者であれば，興味あるプロジェクトには早い段階から関与したいと考えるものです．もし興味を持ってもらったら，アイディアの事業化に役立ち，重要な意思決定にも参考となるような，きわめて貴重な支援をきっと得られるはずです．

専門家からひとこと

第3週にも登場したニール・バランタイン（イギリスの大手銀行の法人取引責任者）は，こう言っています．

「ほとんどの起業家は，銀行を訪ねるのが遅すぎる．起業準備が整い，事業用の銀行口座を開設するばかりになって初めてやってくる例が一番多いが，銀行は，それ以前の段階で，さまざまな情報を提供するなどの支援を行なうことができるのだ．業界情報，起業経験者の話，事業計画の作成を手伝ってくれる起業支援機関や個人への紹介などができる．私としては，事業案が固まったらすぐに，つまり正式な事業計画書を書き始める前に，銀行を2，3行訪問することをお勧めしたい．」

銀行へは，これから1か月以内に面談が実現するよう，あなたの都合のよい時間を伝えてみましょう．銀行相手に何を話すかは，第9週に学びます．

起業家の言葉

★　「ある晩，私の友人の日本人が4つの単語を並べて話すのを聞いた．ひとつひとつの単語は知っているものばかり，しかし，それらが並べて使われるのを聞いたのは，生まれて初めてだった．"コンベヤー・ベルト・スシ・バー"，回転式ベルトに乗った寿司．私はそれがすっかり気に入ってしまい，その夜家へ帰って，電話の前でしばらく思案にふけった．電話代が高くなるが，すぐに日本に電話して，もっと調べてみる価値があるのではないかと．結局電話はかけた．それから3か月もすると，回転寿司についてずいぶんいろいろな知識が身についた．調査，分析の結果を論理的に詰めると，これは危険の多い事業という結論だった．それでも私の内部では，回転寿司事業は大成功を収めるにちがいないという直感がひらめいていた．」（サイモン・ウッドロフ……「ヨー・スシ」創業者）

★　私は自分のビジネスアイディアが良いか悪いかを試すため，文字通り誰にでも，手当たり次第に意見を求めた．得られる意見の多くは，聞いたことがある意見か，あまり役に立たない意見だが，それでもじっと座って，うなずきながら拝聴することが大切だ．なぜなら，ひとしきり自分の見解をしゃべったあとで，その人がぽろりと洩らす助言やアイディアに，信じられないほど役立

> つものが混じっていることが多いからだ.」(トレントン・モス……ウェブサイト設計のコンサルティング会社「ウェブクレディブル」創業者)

今週の活動一覧

1. あなたの事業の構想(ビジネスアイディア)をＡ４版用紙１枚にまとめる.
2. 重要な部分を要約文に表現する.
3. もっと煮詰めて,ひとつの短文にする.
4. これらの文章が,ビジネスアイディアの売り込み文として優れているか,自分で点検し,厳しい目で批評する.
5. 必要な修正,書き直しを行なう.
6. でき上がった売り込み文を使って,友人や家族などにビジネスアイディアを説明する.得られた反応を記録する.
7. 寄せられた意見を分析し,それらをビジネスアイディアの改善にどう生かすかを考える.
8. 改善したビジネスアイディアをもとに,売り込み用の文章を再度書き直す.
9. それを使って,友人や家族などに対し,再度ビジネスアイディアを説明する.この過程を,何度でも,満足できる反応が得られて,アイディアに自信が持てるようになるまで繰り返す.
10. あなたの会社名を考え始める.
11. 地元銀行との面談を申し込む.

連絡先

1．友人，知人．貴重な助言者になってくれるはずである．
2．この本の読者．あなたのビジネスアイディアを評価してもらうため，専用サイトのフォーラムを利用して，ほかの読者と交流することができる．良きアドバイザーに関する情報を交換するためにも有益．専門サイト：www.flyingstartups.com を参照のこと．

役立つ情報源

John Mullins, *The New Business Road Test*.（Financial Times Prentice Hall）

あなたのビジネスアイディアを磨き上げ，自己評価するのに非常に役立つ本．

今週の標語

最初の顧客に誰がなる？

第7週：事業タイプ，事業分野，そして顧客

> 今週の要点
> 1. 事業のタイプ（誰を顧客に何を売るのか）と事業分野を決める．
> 2. 選択した事業分野と市場についての知識を深める．
> 3. 獲得を目指す顧客像を明確に描けるよう，情報を収集し分析する．
> 4. 事業タイプ，事業分野および顧客についての分析結果を，簡潔な文章にまとめる．
> 5. 会計士との面談の手はずを整える．

今週は，考えなければならない課題が2つあります．第1の課題は，市場におけるあなたの会社の位置づけです．あなたの会社はどんな業種で，どのような顧客層を相手に，何を提供する事業をするつもりなのかを決めることです．潜在顧客にあなたの会社を選んでもらうためには，まずあなたの会社の事業像が明確でなければなりません．

第2の課題は，獲得を目指す潜在顧客の情報を収集し，分析することです．潜在顧客はどんな欲求を持っているのかを把握し，それを満足させる方法を考えます．

事業のタイプを決める

第1の課題のうち，まず行なうべきことは，どんなタイプの事業を行なうかを決定することです．事業のタイプは，「誰に」対して「何

を」提供するのかによって分類されます．

まず,「誰に」を考えましょう．取引の相手は，何らかの事業を経営しているほかの企業か，個人の消費者がほとんどです．

- 企業相手であれば，あなたの事業は「ビジネス・トゥ・ビジネス」（一般に「B to B」ないし「B２B」と略称される）の事業です．
- 消費者相手であれば「ビジネス・トゥ・コンシューマー」（略称は「B to C」ないし「B２C」）タイプです．

次に，それらの顧客に「何を」提供するかを考えましょう．

- 商品を仕入れて販売する（すなわち物流の仲介機能を提供する）のなら，あなたの事業タイプは卸・小売業です．販売を行なう形態としては，店舗販売，カタログ販売，インターネット・ショップ販売，イベントでの屋台販売など，幅広いものが考えられます．B to C の場合は衣料品店やコーヒーショップなどの事業が，B to B の場合は産業資材販売業，オフィス用品納入業などの事業が含まれます．
- 自社製品を製造販売するなら，あなたの事業タイプは製造業です．典型的な B to B の製造業としては自動車部品メーカー，B to C の製造業としては民芸家具製造などの事業が考えられます．
- あなたの持つ技能を使って各種サービスを提供するなら，事業タイプはサービス業であり，B to B として事務所ビル清掃業や人材斡旋業が，B to C として結婚式企画サービス業や水道配管工事などの事業が考えられます．
- 専門知識を提供するのは，広い意味でのコンサルタントやアドバイザーです．経験もまじえて依頼主に専門的な助言を与えたり，

依頼主と一緒に短期間の特別プロジェクトを推進するなどのさまざまな形があります．B to B としては経営コンサルタント，IT ソリューションプロバイダーが，B to C としては弁護士業，フィナンシャルアドバイザーが典型的な事業でしょう．

もちろん，複合的な業態も可能です．製造業が維持補修サービス事業も経営するなどがその例です．

事業分野を選ぶ

事業タイプの次に，あなたが起業する事業分野を絞り込みます．事業分野は業種といってもよいでしょう．あなたを取り巻くいろいろな状況を考慮して，ファッション関連産業，出版業，パーティなどで食事を提供するケータリング・サービス業など，どの業種に参入するかを決めます．可能と思うならば，鉄道業や自動車製造業でも構いません．

顧客の視点で

ところで，あなたはどんな事業に参入しようとしているのですか？ここでそう聞かれたら，おかしな質問をするなと思うでしょうね．今，業種選びの話をしたばかりですからね．ケータリング・サービスを選んだ人は，自分の事業は食事を調理，提供することだと答えるでしょう．鉄道業は鉄道業に決まっていると言うでしょう．しかし業種というものを，顧客の視点からとらえ直してみたらどうなるでしょう．実はこれは，あなたの事業展開を考えるうえで，かなり有益な作業なのです．いくつか例をあげましょう．

1．イギリスで，ロンドン―エディンバラ間の列車を運行する会社は，

産業分類からいえば間違いなく鉄道業です．しかし，それは，鉄道を利用する側の視点から見ても同じでしょうか？　利用者は，どうしても鉄道による移動というサービスを買いたいから鉄道に乗るのでしょうか？　であれば，もしロンドン－エディンバラ間のサービスが気に入らず，ロンドン－ウェールズ間のサービスが快適だと思ったら，顧客は代りにその区間の鉄道移動サービスを買うでしょうか？

　そんなことは起きません．顧客は，あくまでもロンドン－エディンバラ間で，ほかの移動方法，すなわち飛行機かバスの利用，あるいは車での移動を考えるはずです．つまり鉄道会社は，ほかの鉄道会社と競合しているのではなく，ほかの顧客輸送サービス事業と競争しているのです．したがって，鉄道事業の経営に携わる者であれば，国内航空業界の動向，ガソリン価格の変化，主要道路の混雑状況などについて，常に最新の情報を入手していなければならないということになります．

2．万年筆メーカーとして有名なパーカー社は，自社の事業は筆記用具事業であると規定し，ほかの筆記用具とまともに競争しようとしたため，常に需要の減少と低価格化の圧力に苦しんできました．高級万年筆を使用する人の数は，価格の安いボールペンに押されて，減少の一途をたどってきたからです．そこでパーカーは，事業を顧客の視点から見直すこととし，その結果，自社の事業はギフト用品事業だと気づいたのです．なぜ顧客は高価で高品質の万年筆を購入するのか．その動機の多くは贈り物にするためであり，したがって，パーカー万年筆が競争すべき相手はほかの筆記用具ではなく，時計や宝石や香水だったのです．

3．できたての食事を持ち帰るテイクアウト・フードの業界では，競争相手は同じ業界のほかのチェーン店だけでしょうか？　調理済

みの食品を持ち帰るという意味では，スーパーマーケットで売られている惣菜類やレトルト食品とも競合していると考えるべきではないでしょうか？

以上の例で，著者の意図するところは理解してもらえたと思います．さあ，あなたが起業しようとしている事業とは何をする事業なのか，顧客の視点から定義し直してみましょう．参入戦略も経営戦略も違ってくるはずです．

エマの選択

エマが始めようとしている事業分野は，食事を調理，提供するという広い意味でのケータリング事業分野です．事業タイプはB to Cの小売業，事業の具体的内容は，都心のオフィスで働く人々向けに，時間がかからず，健康にもよい昼食を提供することです．ファーストフード・ビジネスを兼ねた健康志向の食品ビジネスともいえるでしょう．

選択した事業分野での専門性を高める

言うまでもありませんが，自社の事業分野で成功するためには，その分野での高い専門性を確立し，常に最新の情報を入手して，専門性に磨きをかけることが不可欠です．起業準備の期間中，ずっと研究と情報収集を続けましょう．もちろん，ある特定の事業分野を選択したのですから，すでにあなたは，一定程度その分野の専門家だとは思いますが，今の水準を維持，向上させる努力が必要です．今週以降，毎週必ず数時間の時間を取って，業界の研究と最新情報の収集に力を入れましょう．自分の業界を知れば知るほど，新しい事業機会の萌芽をいち早く発見できるでしょうし，新しい経費節減の方法，新しい調達

先（すなわち仕入先，外注先など），新規顧客層，競合先の動向や新製品などにいち早く気づくことができるはずです．顧客の信頼は厚くなり，仕入先，外注先への交渉力も強まるでしょう．

　情報源の例として，以下を参考にしてください．

1. インターネット：オンライン版の一般紙，業界紙，専門雑誌はもちろん，競合他社，得意先候補，調達先などのサイト，業界に関連するテーマの意見交換ページなどが見られ，きわめて貴重な情報源です．十分に活用すべきです．
2. 業界紙，専門雑誌：オンライン版も役立ちますが，印刷版も使いやすいものです．どんなものがあるかは，インターネットや図書館を活用して調べます．
3. 書籍：あなたの事業分野に関係のある書名のついた書籍を，大きな書店で（実際に出かけても，インターネットでもよいでしょう）丹念に探します．実用的な手引書や，成功者の自伝を含め，参考になるものが見つかります．
4. 新聞：経済紙はもちろん有益ですが，一般紙も案外広く経済ニュースを扱っています．新聞記事は，読んだ時すぐに自分の事業に関係があると気づかないものでも，案外大きな意味を持っていたりするものなので，注意深く読むべきです．エマにもこんな経験があります．ある期間，ファーストフードしか食べないという実験をした男のドキュメンタリー映画を紹介する記事を読んだ時，関係ないと思ってまったく気にとめませんでした．しかしその後，いくつかのファーストフード・チェーンが，従来のハンバーガーやフライドポテトに加え，健康志向のメニューを揃え始めたのです．映画の紹介が顧客意識に変化をもたらした結果だとしたら，エマの事業に重要な示唆を与える記事だったわけです．

5．業界関連の展示会，セミナー，業界団体の意見交換会：これらは，情報収集と人脈形成の両面で貴重です．起業過程の早い段階から，まだ早いと思わず，なるべく多くの機会を見つけて参加すべきです．
6．似かよった業界での体験：現在仕事を持っていない人はもちろん，持っている人でも，夜間や週末を利用して，起業を予定している業界と共通点を持つような業界を選び，その中での仕事を経験してみるのはどうでしょう．ただし，ノウハウを盗もうとしていると疑われないためには，事業予定地域から離れた場所に行くのがよいと思います．高級ケータリング・サービスの会社設立を計画中だったイギリスのある起業家が，美味しいカナッペ作りのヒントを得ようと，休暇を取ってウィーンのホテルまで出かけ，無報酬で働かせてもらったという例もあります．

有益な記事を読んだあとの感想や，面談から得たヒントなどは，思いついた都度きちんと整理，保存すべきです．新聞，雑誌の切り抜きも始めましょう．

顧客を深く知る

事業に関して行なうさまざまな調査，分析の中でもっとも重要なのは，獲得したい潜在顧客について，より多く，深く知ることです．たとえば，企業を顧客とするBtoBタイプの事業を目指す場合は，以下のような点に関して情報の収集と分析を行ないます．

- あなたの業界にとっての大口顧客企業はどこか？　その業績はどうか？
- 得意先候補と考えている企業が計画中のプロジェクトに，何か追

加計画はないか？
- 業界内の物流を支配している有力企業，または成長企業はどこか？
- 得意先にしたい企業で，あなたが売ろうとしている製品やサービスの購買責任者は誰か？　どうしたら連絡がとれるか？

　また，もしあなたの事業が，個人顧客を狙った B to C タイプであれば，以下の点に注目したらよいでしょう．

- 狙いたい顧客層が集まる催し物は何か？
- 彼らが，いろいろな情報を得るために日頃一番利用する媒体は何か？
- 潜在顧客が集中していそうな地域，地区はどこか？

　最後に，個人顧客にも企業顧客にも共通する分析の要点を7つあげておきます．

- 顧客はあなたの製品やサービスに何と何を求めているかを，正確に言い表せるか？
- 顧客があなたの製品やサービスに求める事項のうち，何が絶対的な必要事項で，何があった方が望ましい程度の事項か？
- あなたが自分の顧客として取り込みたい企業または消費者は，今誰から購入しているのか？
- 現在の購入価格は？
- 満たされていない顧客ニーズはあるか？　顧客が気づいていないニーズはあるか？
- そうしたニーズを満たす製品やサービスが登場したら，あなたの

顧客はいくら払う用意があるのか？
- あなたが参入する業界で，現在，主要な競争要因となっているのは，価格，素早い製品やサービスの提供，品質，信頼性，技術のうちどれか？

潜在顧客とじかに話をする

得意先にしたい企業や個人について知ろうとする時，面と向かって直接話を聞くことほど効果の上がる方法はありません．どんな情報分析よりも有効といってよいでしょう．

B to Bタイプの事業を計画している場合であれば，ともかく相手企業の誰かと接触できる機会をつかむことです．相手企業のオフィスへ訪問ができれば一番ですが，ほかにも，見本市でその企業が出展しているブースを訪ねる，業界の交流会で接触するなどして，たとえ10分間でも立ち話ができないか，昼食や終業後に軽くつき合ってもらえないかなど，何でも試してみましょう．

そして，運よく相手企業の誰かと会えた場合には，自分のことを話すためではなく，相手から情報を得るために面談しているのだということを，絶対忘れないことです．あなたは自分のビジネスアイディアに興奮していますから，つい何十分もその素晴らしさを語ってしまうなど，情報の発信モードに陥りやすいでしょうが，肝心なことは情報を集めることであり，そのためには，心して，自分を受信モードに保つ必要があります．

面談相手への質問内容は，たとえば，業界を取り巻く困難，その企業が抱える問題，その人物が直面する課題や現在取り組んでいる有望なプロジェクトといった一般的事項から，現在取引している納入業者に対する評価，評価の際にもっとも重視する基準，もっとも不満に感じている点まで，何でもよいでしょう．

それから，もうひとつ注意しなければならないことは，あなたの事業の競争相手を誹謗するようなことは決して口にしないということです．顧客になるかもしれないあなたの面談相手は，それを不快に感じたり，反感を持ったりするかもしれませんし，何よりも誹謗中傷はプロの職業人がすることではないはずです．

　最初の面談であっても，遠慮せず，何でも聞いてみましょう．そして，面談後も連絡を絶やさぬように注意し，初対面の場面で聞けなかったことなどを聞き取るようにします．

　B to C タイプの事業を計画している場合も，基本的には同じです．現在の購買活動（どこで，誰から，どのメーカーのものを，どの会社のサービスを買っているか，購買の理由は何かなど），不満な点，求めている新製品，新サービス，今後の購買予定，メーカーやサービス提供者への要望を，適切と思われる個人や集団から，適切な場所で聞き取り，調査します．

　エマは，昼食を買うためにサンドイッチ店の前に並ぶことが多いのですが，その際，列に並んだ人とできるだけ雑談するよう心がけています．また，職場で同僚に昼食についての不満，希望，意見を聞くのも，潜在顧客との貴重な直接対話の場となっています．

事業計画書は恐くない

　先週やったことを覚えていますか？　あなたが起こそうとしているのはどんな事業なのか，顧客は誰か，顧客にとっての利益は何かを，A4版用紙1枚以内にまとめて表現するという作業がありましたね．この1枚の紙こそが，あなたの事業計画書の最初の部分，すなわち第1章になるのです．標題は「事業の内容」としましょう．知らず知らずに，あなたは事業計画書を書き始めていたわけです．事業計画書作

りはむずかしいと敬遠されがちですが,どうですか,恐れるほどのことはないでしょう?

　事業計画書は,起業直後のあなたの事業に,進むべき方向を教える地図の役割を果たすものです.あなたが計画書の作成に投入する熱意と活力は,何十倍もの成果となって返ってきます.決して他人に頼んで作ってもらおうなどと考えないことです.すべての言葉,すべての数値は,あなた自身が生み出したものでなければ意味がありません.外部資金を導入しようとする場合はなおさらで,いくら美しく仕上がった計画書でも,会計士に頼んで作成したことがありありと見えるものでは,銀行に対しても,投資家に対しても,決して説得力を持ちません.

　また,たとえ資金提供者などの外部に見せる必要がない場合でも,事業計画書は必ず作成すべきです.事業計画書は,もともと起業する人本人が使うために作るものだということを忘れてはいけません.あなたが,起業過程から事業の運営過程に入ると,1週間に1回程度,当初の予定と実態とを対比する必要が生じます.事業が予定通り進んでいるか,誤った方向に向かっていないかを点検するためですが,この際,事業計画書はものさしの役目を果たします.

　もし,あなたが,最初から大規模な資金調達を目指すような大型の事業を計画している場合は,さらに高度な事業計画書が必要になるでしょう.その場合は,それにふさわしい参考書も参照してください.たとえば,リチャード・スタートレーの『決定版ビジネスプラン』という本があります.小型の起業を考えている人でも,この本を拾い読みしてみれば,参考になるアイディアが見つかります.

　事業計画書には,必ず記載すべき主要項目があります.あなたの事業では,それらの項目をどう想定して計画書作りを行なったらよいか,

本書では,今後1週間に1項目ずつ取り上げ,必要な調査,分析を行ないます.そして各項目の計画を,文章と数値で表現していきます.この作業が全部終わった時点では,あたかも工場の部品組立ラインから完成品が出てくるように,あなたは事業計画書の完成版を手にしているはずです.

起業にあたり想定している顧客は誰かを説明する

今週は,あなたの事業が対象とする顧客についての説明を書いてみましょう.これは事業計画書の第2章に当たります.この章は,計画書の中でもっとも重要な部分といってよいでしょう.もし,あなたの行なう事業に対する需要がそもそも存在しないとしたら,もし,需要はあるがあなたの製品やサービスは欲しくないと言われたら,欲しい人はいるが,価格はあなたが想定する水準よりずっと低くなければ買わないとわかったら,いずれの場合も,あなたの事業は成り立ちません.計画書のほかの部分がいかに精巧にできていても,顧客ないし市場に関する想定が誤っていれば,計画全体がごみと化してしまいます.「すべては顧客から」です.新規事業の立ち上げに当たり,一番重要なものは顧客なのです.

通常,事業計画書においては,顧客ないし市場に関する説明にかなりのページ数があてられます.主要項目は,選択する事業タイプ(B to B,B to C のどちらか,卸・小売,製品製造,サービス提供,コンサルティングのいずれか),参入する事業分野,顧客とその分布状況などです.

顧客の説明は特に重要です.市場での全般的な需要があるかどうかに加え,あなたは市場の中のどの顧客層を目指すのか,それらの顧客はなぜあなたの製品やサービスを買いにきてくれるのかを,十分に説

明する必要があります．もし，ここで，取り込みたい顧客層を，ひとつから4つのグループに分けて描写できれば，説得力が増すでしょう．各グループに名前をつけ，それぞれの特徴，基本的なニーズの違い，できれば欲しい程度の付加的な欲求の内容を解説します．エマの計画している事業では，基本的には顧客グループはただひとつ，彼女と同じような昼食の不満を持つ消費者です．

さらに，あなたが営業の対象とする地域には，グループごとに，企業なら何社，消費者なら何人の潜在顧客が存在しているかを説明し，現在どこから買っているか，いくら払っているか，満たされていないニーズはないかについて，あなたの見解を示します．最後に，あなたの製品やサービスは，潜在顧客の多様な欲求のうち，どれとどれを満足させようという計画なのかを説明します．

B to Bタイプの事業の場合，すでに売り込みを図って需要ありとの感触を得た企業の名前を具体的に記載できれば，事業計画書としては最高点でしょう．ただし，もしそこまでできたのなら，欲をいえば，生産ないしサービスの提供が始まったら試験的に使ってみようという約束まで取りつけたいものです．

起業家の言葉

★ サイモン・マードックは，イギリスで，書籍販売向けのソフトウェアを提供する会社を経営していた．ある時，革新的な着想を思いついた彼は，主要顧客である大手書店に売り込みを図った．結果は失敗だった．しかし，最後にはそれが彼に幸運をもたらした．

「インターネットが普及しはじめた時，私は，書籍販売にイン

ターネットを活用することができると考え,顧客の書店とさかんに議論した.私は,得意先数社に対し,是非インターネット販売用のコンピュータシステムを構築させてほしいと熱心に説得したが,大手書店は,さまざまな事情からインターネット販売に消極的で,わが社のサービスも,ほかのソフトウェア会社のものも利用しようとしなかった.それならばと私は決意した.自分で始めて大手書店に勝つまでだと.」

サイモンは「ブックページ」を創業,オンライン書籍販売業に乗り出した.この会社はのちにアマゾンに買収され,アマゾン UK の核となった.この過程でサイモンは数億の富を得た.

今週の活動一覧

1. あなたの事業分野を決める.事業分野の定義は,顧客の視点から行なうこと.事業のタイプも決める.
2. 事業開始当初に顧客になってくれるのは誰かを考える.その特徴を描写してみる.
3. 潜在顧客に関して,十分な分析を行なう.
4. 分析をもとに,事業計画書の「顧客」の項を作成する.
5. 会計士との面談をそろそろ考え始める.要領は,先週述べた地元銀行との面談と同じ.実際の面談は第11週を予定している.

連絡先

Added Value Network : www.avn.co.uk

イギリスにおける中小規模の会計事務所の団体.起業家支援に前向きで,単に依頼された年度末の決算処理を行なうだけでなく,起業家

に特別の訓練を与え，事業の価値を増加させることを目指している．料金は固定制で，事前に通知するため，予想以上の請求に不快な思いをすることがない．料金を月払いにすることも可能．ウェブサイトで，団体加盟会計士の名前を調べることができる．

役立つ情報源

Richard Stutely, *The Definitive Business Plan.* (Financial Times Prentice Hall)

比較的規模の大きい事業の立ち上げを念頭においている起業家には必読の書．

今週の標語

最初の顧客に誰がなる？

第8週：起業チームを作れ

今週の要点
1. 起業を進める体制を決定する．単独か，ひとりないし複数の協力者とチームを組むかを決める．
2. チームの場合，構成員の職務分担を決定する．あなた自身の役割を明確にする．
3. 事業計画書の中の「経営チーム」の項を書きあげる．

　起業家というのは，一匹狼型の，単独でものごとを遂行する人間だというのが，多くの人が描く起業家像のようです．しかし実際は，小人数の，緊密に結ばれた，意欲にあふれたチームを率いるリーダーとなって起業するという事例も多いのです．もし，あなたもそんなチームを組織でき，仲間と一緒に起業準備を進められるとしたら，それは非常に恵まれた状況だと認識すべきです．

　『ビアマット起業家』という本の著者は，起業チームは会社という建築物の土台を支える礎石だと言っています．同書によると，理想的な起業チームは，ひとりの起業家に4人の専門家がつく形であり，それぞれの専門家は，「製造と製品開発」「販売」「財務」「品質管理と顧客サービス」の4分野を担当するということです．こんなチームを起業準備の初期段階から揃える必要はないと思いますが，誰かひとりでも，あなたと一緒に起業過程を進んでくれる人がいるか，いないかで，精神状態も，成功確率も大きく違ってくるのは確かです．

あなたが今，一緒に事業に参加して欲しいと思っている人はいますか？　友人ですか，家族の誰かですか？　それとも今の職場の仲間ですか？　その人と一緒に働いている状況を思い描いてください．気持ちよく働けそうですか？　その人の仕事ぶりに，あなたは高い評価を与えられそうですか？　勤勉さについては期待にかないますか？　どんな専門能力で事業に貢献しそうですか？　相手に話を持ちかけるのは，こうした点で問題がなく，一緒に起業の夢を追うのにふさわしい人物だと判断してからにすべきです．申し出を受けた人は，誰でも最初はびっくりするでしょうが，うれしくも感じるはずです．人柄や仕事ぶりが高く評価されたからこそ，誘われたのですから．食事をとりながらでもよいでしょう，あなたが考えている事業の内容と，そこに秘められた可能性について詳細に語ることで，相手をあなたと同じ興奮に引き込みましょう．最初は驚いていた相手も，だんだん，質問をしたり，疑問をさし挟んだり，前向きの意見をくれたりするようになると思います．

　しかし，一般的には，協力者を探し，チームを組織する作業をあまり急ぐのは，あなたにとっても相手にとっても得策ではないといえます．良い協力関係が築けるかどうかを，時間をかけてじっくり判断することが大事です（ただし，あなたや相手が，正規の仕事を持ったまま起業の準備をするような場合には，失敗によって失うものがまだ大きくないでしょうから，あまり慎重にならずに，何はともあれ，これはと思う相手と協力体制を組んでみるのも，ひとつのやり方だと思います）．
　誰か協力者と一緒に起業を進める場合には，基本的な原則をしっかり守ることが重要です．以下の3つの原則です．

1. 起業の主役はあなたです．これはあなたのプロジェクトです．チームのメンバーが皆平等というのでなく，最終的にはあなたが責任を持ち，権限も握る仕組みでなければ，プロジェクトは成功しません．
2. もし，協力者との関係がうまくいかないことが決定的になった場合，それを理由にあなたが起業プロジェクトを放棄するのはいけません．相手にプロジェクトを離れてもらうべきです．
3. 事業を会社形態で行なう予定であれば，協力者との間で，持株比率についての合意を形成しておくべきです．起業チームの構成員は全員同じ持株比率を与えられるべきだと主張する論者もいますが（先ほど触れた『ビアマット起業家』の著者はそう言っています），最初に事業の構想を思いついたのはあなたなのですから，その点は評価されるべきで，あなたの持ち分は高くて当然だと著者は思います．

役割分担の明確化が必要

あなた以外の協力者を得て，複数で起業を進めることになった場合は，あなたが全員の役割分担，すなわち業務分担を決め，混乱や見過ごし，あるいは無用の議論が生じることを避ける必要があります．組織には必ずリーダーが必要ですが，それは，どうしても引き受けられない何らかの理由がない限り，必ずあなたが引き受けるべき役割です．分担を決めるにあたっては，業務を次のように区分するがよいでしょう．

1. 販売（商談に食らいつく役目）
2. 財務，経理および総務（資金面と管理的業務）
3. 調達（仕入れ，外注など）

4．製品の開発，製造ないしサービスの開発，提供（事業本来の目的．あなた自身の関与が不可欠）
5．広告および宣伝（各種PR活動，広告掲載，ショー開催，特別セール，パンフレット配布，ウェブサイト作成などを通じて，あなたの事業の知名度を高める）

事業の内容によって，ほかにも重要な業務が生じる場合には，それらを書き出してみて，もれなく誰かに割り振るようにしましょう．

新事業がスタートしたあと，報酬をいくら受け取るか

ところで，話は少し戻りますが，第3週にあなたの経済状況を点検した時，生活費は最低限いくら必要か，一方で現在どのくらいの蓄えがあるかを確認しましたね．しかし，これから始まる新しい事業から報酬を受け取るかどうか，受け取るならいくらが適当なのかは決めていませんでした．今週は，それらの数字や，起業チームへの支払いなどを考慮して，あなたの受取り額をどうするか考えましょう．営業を開始した会社から多額の資金を引き出しすぎて，事業の資金繰りに問題が生じないこと，逆に少額すぎて生活費のやりくりに忙しく奔走し，仕事に集中できないような事態に陥らないこと，両面の釣り合いを取ることが必要です．これは微妙な問題です．起業アドバイザーであるメンターの意見や，会計士と契約したらその意見も聞いて，慎重に決めるべきです．

アランがエマのビジネス・パートナー

さて起業チームの話に戻って，エマはどうしたでしょうか？

彼女は，一緒に起業するパートナーを探すことにしました．これまで大きな企業で働いてきて，いきなりひとりだけで働く環境に身を置

くのは心細いと感じたことと,経理や管理に関する業務は大の苦手だったことが,誰かと組もうと考えた理由です.

エマは,同じ会社の会計部門に勤務しているアランに頼んでみることにしました.アランとは,昨年同じプロジェクトチームで働き,輝かしい成果を上げた仲間でしたし,エマの起業してみたいという気持ちを励ましてくれた友人でもあったからです.そして何よりも,エマの弱点を完璧に補完してくれる能力に魅力を感じたのです.申し出を受けてアランは,自分を選んでくれたのは大変うれしいが,今は危険を冒す自信がないと答えました.結局,当面は起業の計画作りにだけ協力し,その後のことはあとで決めることになりました.そして,もしエマの会社に参加した場合は,アランの持株比率は20パーセントとすることや,業務は「財務,経理,総務」と「調達」を担当することで合意したのです.「販売」と「広告,宣伝」,それに「製品開発」に相当するレシピの考案,改良はエマの担当とし,「製品の製造」すなわちサンドイッチなどの調理は2人が受け持つという分担も決めました.

ボスぶらない

起業チームは,あなたを偉く見せるための飾りではありません.決してボスぶったりしないことです.リーダーであるあなたの仕事は,第1に,全員を監督,激励して,担当業務を軌道に乗せるよう頑張らせることです.チーム構成員の担当分野での能力を向上させることも,あなたの重要な役割です.リーダーであるあなたの第2の仕事は,起業チーム全員に,担当業務だけでなく,経営全体を考える機会を与えることです.チーム構成員全員が,これから作る会社の成功のために,リーダーであるあなたに負けないほどの情熱をかけることが重要なのです.

第 8 週

事業計画書の「経営チーム」の項を作成する

今週の，事業計画書に関する課題は，「経営チーム」の項を書くことです．一緒に起業するチームに関する説明を，1ページ程度にまとめましょう．構成員ひとりひとりについて，学歴，職歴，これから参入しようとする業務分野での経験，特別な資格，能力，技能などを書き出します．また，全員の履歴書を作成し，事業計画書の末尾に付属資料として添付します．

今週の活動一覧

1．あなたひとりで起業するか，チームを組むかを決める．
2．協力者を探す．
3．起業チームを組織する．
4．起業チーム構成員の役割分担を明確に決める．
5．事業計画書の「経営チーム」の項を作成する．
6．起業チーム全員の履歴書を用意する．

役立つ情報源

● Jim Bright, Jo Earle, *Brilliant CV*. (Prentice Hall Business)

事業計画書においては，あなた自身と起業チームがいかに優秀かを売り込む必要があるが，その際役立つ本．

● Mike Southon, Chris West, *The Beermat Entrepreneur*. (Prentice Hall)

起業家による事業の創造と運営に関し，興味深い視点からの考察を加えた本．起業チームの構成員は，新事業の土台を支える礎石であるという考え方が示されている．

> 訳注：この本の書名『ビアマット起業家』は，パブにいる時ひらめいた事業案を，ビールのコースター（ビアマット）に書きつ

> けたことから起業過程に踏み込んだ，ある起業家のことを表わしている．

● Michael Faust, Bill Faust, *Pitch Yourself.* (Financial Times Prentice Hall)

読むものを引きつける自己紹介の書き方を紹介している．

今週の標語
最初の顧客に誰がなる？

第9週：販売戦略を作る
―文章化が大事

> **今週の要点**
> 1. 銀行との面談を行なう．
> 2. いかにして売るかについて，考えをまとめる．
> 3. それを販売戦略として文章化する．
> 4. 企業向け販売促進活動として，手紙を活用する．1ページにまとめた会社および業務概要の説明書を用意しておき，必ず同封する．

銀行を訪問するに際して

第6週に地元の銀行への面談を申し込んであったことを思い出してください．これが来週くらいまでには実現すると仮定して，今週，ここで，面談の要領について確認しておきましょう．

面談の主な目的は，もちろん，あなたのビジネスアイディアの概要を，銀行の担当者に説明することですが，相手から，起業家の新事業に対する銀行としての融資方針，支援業務の内容などを聞きだす機会でもあります．あなたにとって使いやすい銀行か否かの判断材料が手に入るでしょう．

担当者が話をしている時は，こんなことを自問自答しながら聞くのがよいでしょう．

● この人と馬が合いそうか？

- この銀行は信用できるか？
- 事業が計画通り進まなかった場合，可能な限りの支援を考えてくれそうか？　杓子定規に対応されるだけか？
- 相手が今述べている意見や示唆は，建設的で有益か？
- この担当者に権限はあるのか？

相手の話が終わったら，あなたからは，次のような質問をしてみましょう．

- もし，貴行と取引できることになったら，ご担当者はあなたですか？　もしほかの方なら，その方にお目にかかれますか？
- 定型化された「起業家支援制度」のようなサービスはありますか？
- 起業案件の取扱い実績は？　過去の案件で，起業家の危機を救ったような事例があれば，内容を教えてください．
- 私が融資をお願いしたら，審査はこの店の権限ですか，本部決済ですか？

最後の点は重要です．なぜなら，大手銀行では，決定権限は本店に集中され，支店の企業取引担当課は，顧客管理だけを行なっていることが多いからです．顧客は本店と直接接触できず，本店は支店からの申請に基づいて案件を判断するので，あとは銀行内の伝言ゲームがうまくいくのを祈るしかないわけです．つまり，あなたと面談した支店の担当者が，あなたの考え方の素晴らしさ，あなたの要望などを，正確に，熱意を持って本店に伝えてくれるかどうかに，銀行の判断はかかっているのです．そして悪いことに，著者の経験では，この伝言ゲームはなかなかうまくいきません．

相手の知りたいこと

銀行を訪問した時,相手の担当者は,初めて会ったあなたから何を探りだそうとするのでしょうか? 起業計画のどこに注目するでしょうか? 実はほとんどの場合,それは計画ではなく,あなた本人がどういう人物かという点です.そして,次のような面から,あなた自身を理解しようとうとするのです.

- 熱　意
  あなたは,心の底から起業したいと思っているか.そして,自分は起業できると本当に確信しているか.
- 粘り強さ
  苦しいことの多い新事業立ち上げの過程を,最後までやり通す意欲としぶとさを持ち合せているか.
- 調査・分析
  ビジネスアイディアの問題点は十分検討済みか.市場の大きさや狙うべき潜在顧客層は分析したのか.自社の製品,サービスが競合相手に勝てると信じる合理的な根拠はあるか.
- 冷静さ
  問題は必ず起きるものだと覚悟しているか.予算の範囲で慎重な業務運営を行なう人物か,あるいは,すぐに社用車だといって高級なジャガーなどを買う人間か.問題が生じるとすれば,それは事業計画のどの部分に生じるかを,あらかじめ想定しているか.
  (銀行側は,あなたが初年度から成功し,すぐ資産家になることを期待しているわけではありません.逆に,そんな甘い期待をあなたが抱いていないことを確認したいのです.)
- 柔軟性
  どんな事業にも想定外の環境変化はつきものだという認識は持っ

ているとして，変化に適応して経営の舵を取る能力はあるか．予備の事業計画は用意されているか．

銀行側からの質問としては，次のようなものが考えられます．

1．なぜ起業したいのか？
2．なぜ成功すると思うのか？
3．事業と顧客についてどのくらい知識，経験があるのか？
4．最初はどうやって顧客をつかむのか？

ここで，注意事項がひとつあります．いろいろ質問しながら，相手はだんだん，より細かな点に質問の焦点を移してくる可能性があります．個人事業か会社形態でやるのか，資金を借入れする必要はあるのかなどですが，その場合は，「今回はお互いを紹介する場と理解してやって来ました．本日お話申し上げた内容をまず貴行でご検討いただいたうえで，次回お目にかかる時に，より詳細な点をご説明します」と答えれば十分です．

面談が終わったら

面談記録を作って残しましょう．いくつの銀行と面談できるかわかりませんが，相手の銀行と担当者について，特徴と思われる点を記録します．今の段階で，どこか1行に絞り込む必要はありません．どこが起業案件向けの融資，新事業への支援と協力に積極的か，じっくり見極めましょう．とはいえ，もしある銀行や担当者について，相性が悪いなと感じたら，感性にしたがうことです．無理に関係をつないでおく努力は不必要です．

販売戦略

第7週で，あなたの新事業が顧客として獲得を目指すのは誰かを検討しました．今週は，その顧客をいかに獲得するかについて考え，文章化します．事業計画書の「販売戦略」の項に該当します．

販売戦略について考えるには，欠かせない4つの視点があります．ここでは，以下の項目にしたがって，あなたはどのように自社の製品，サービスを売るつもりなのか，考えを整理してください．

- 顧客にどこで販売するか（場所＝Place）
  - 自社の店舗ないしオフィス
  - 顧客を訪問
  - 電話セールス
  - 卸売業者，小売業者経由
  - 提携企業にまかせる
  - 自社のウェブサイト
  - ホームパーティー形式
  - 講演会，新製品発表会，物産展などへの出展，出張販売

- 顧客にいかにして製品，サービスの良さを知ってもらうか（販売促進＝Promotion）
  - ポスター，看板
  - 広告
  - 新聞，雑誌の紹介記事
  - 会社案内，商品説明書などパンフレット類
  - 顧客の評判，口コミ
  - 期間限定の値引き，景品つき販売活動
  - 試供品

- ➢ 百貨店などの売り場を借りての実演販売
- ➢ あなた自身の個人的人脈
- ➢ 業界での評判,うわさ
- ➢ あなた自身の販売手腕

● いくらで販売するか(価格= Price)
- ➢ 販売価格の算出根拠は?
- ➢ 競合相手より高い場合,高くても売れると考える理由は何か?
- ➢ 競合相手より安い場合,なぜ安くするのか?

どんな業界,どんな事業でも,製品やサービスの価格をどう決めるかは,常にむずかしい問題です.事業を始めたばかりの起業家は,ほとんどの場合,価格を低めに設定しようとします.自信のなさ,安くしておけば売れるという誤解などがその理由です.しかし,高品質の製品やサービスには,高めの値段がついて当然なはずです.妥協せずにきちんとした価格を主張しましょう.

販売価格は,あなたの会社の財務状況の良し悪しに直結します.ここでは,とりあえず望ましいと思う価格を直感で決めて,あとで,この価格決定が適正か否かを,財務面の予測を見ながら判断しましょう.詳細は第15週に検討します.

● 他社の製品,サービスとの違いをどう作り出すか(製品差別化= Product).それによって一度獲得した顧客をいかに引き止めるか
- ➢ 製品の品質によって
- ➢ サービスの水準によって
- ➢ 自社の製品ないしサービスにこめた愛情,こだわり,主張によって

> 製品，サービスに独自の個性を持たせることによって
> 何度も反復して購入してくれる顧客（リピーター）への特別サービスによって
> 期間限定の値引き，景品つき販売活動の展開によって

こうした点について，あなたはどのように取り組むのかをもれなく考察し，考えをまとめます．まとめたことは，1，2ページの文章にきちんと表現することが大事です．これによって，事業計画書の「販売戦略」の項ができ上がります．

B to Bタイプの事業を目指している場合であれば，手紙を活用した販売促進活動も有効でしょう．これから数週間，訪問した会社に，お礼状と一緒に郵送します．会う人ごとに手渡すこともできます．その際，製品，サービスの内容，顧客企業にとっての利点，自社の連絡先，担当者などを1ページにまとめた説明書を必ず同封します．手紙と説明書は，いつも用意しておきましょう．

エマとアランの販売戦略は？

エマとアランは，店舗での販売を中心に営業することにしました．店の場所はもちろんリーズ市内，ショッピング街よりもオフィス街に近いところを探します．その他の販売方法として，配達も行なう予定ですが，これは，eメールで注文を受けておいて，あとで注文主のオフィスまで届けるという形です．配達サービスは会員登録した顧客に限定，会員には毎朝，「昼食メニュー一覧」，「本日のスペシャルランチの内容」などをeメールで配信します．注文は返信メールで受け，代金は配達時に商品と引き換えで受け取る仕組みです．

エマは2つほど，前払いによって1食あたりが割安になる仕組みを考えています．ひとつ目は，店で買う時も配達サービスの時も使える

回数券を販売するというもの，2つ目は，配達サービス会員の中から，1か月分の予約を希望する会員を募り，前払いを受け，その代わり割引しようというものです．予約会員には，レーシング・グリーンから昼食が自動的に毎日配達される仕組みで，注文の手間がいりません．メニューはおまかせメニュー，ただし好き嫌いやアレルギーがあれば，入会時に通知してもらいます．配達が不要になった日は，一定時間（午前10時の予定）までにeメールで取り消し，その代金は翌月分の支払いに使われます．

最初にこのアイディアを聞いた時，アランは，とっさに管理の複雑さを想像して真っ青になりました．しかし，着想そのものは素晴らしく，固定客を獲得できる可能性が高いと思われたため，当面は凍結とし，営業開始から半年経過して，事業がなんとか軌道に乗り，従業員を雇えるようになった時点で，追加のサービスとして考えることで，エマと合意に達したのです．

アランは，この事業が成功する鍵は，開業後なるべく短期間に，なるべく多くの顧客に，とにかく一度レーシング・グリーンの昼食メニューを試してもらうことだと考えました．そこで，アランの発案で，開店第1週を，VIPのみを対象にしたスペシャル・ウィークとし，50％引きになるVIP優待券を，地元の経済団体のメンバーはじめ各界のリーダーに配布，一般顧客向けの開店は第2週からとしました．さらに，一般向け開店の当日は感謝デーとし，同伴の友人の分は無料にしますという食券を配布することにしたのです．

ところで，販売価格に関しては，現在持ち帰り用の昼食を販売しているどの店の値段と比べても，一段高く設定することとしました．エマにも，アランにも，味，材料の品質，からだへのやさしさ，どれをとってもほかの店を上回るという自信があったのです．

起業家の言葉

★ アンナ・スメジャード……「スウェーディッシュ・リビング」の創業者．北欧から優れたデザインの家庭用品と個性的なアクセサリーを輸入し，イギリスで販売．創業当初はホームパーティー形式を活用した．いずれ，インターネット販売を中心にしようと計画している．

「ホームパーティーは素晴らしい販売方法だと思う．まず，小額の初期投資ですぐに販売が始められ，管理費がいらない．加えて，顧客の反応に直接触れ，どの商品に人気があるか，なぜ好まれるかを，即座に知ることができる．現在取り扱っている商品類の構成は，こうした顧客の反応や要望を取り入れ，工夫しながら作り上げたものであり，売上げは順調に推移するものと楽観視している．今後，インターネット販売に力を入れる予定だが，ホームパーティー販売はもちろん続ける．事業成功のために不可欠な顧客の生の声に触れる貴重な場所だから．」

今週の活動一覧

1. 銀行との面談の準備をする．面談の進め方に関して重要な点を書き出しておく．
2. 面談日を決め，実行する．
3. 面談した銀行の担当者のうち，今後も連絡を取り合う相手先を複数決める．
4. いかにして売るかについて考える．
5. それを文章化し，事業計画書の「販売戦略」の項に充当する．
6. 得意先にしたい企業に配布できるよう，あなたの会社と業務の概

要を1ページにまとめておく．

今週の標語
最初の顧客に誰がなる？

第10週：経営資源の調達1
―事業拠点を選び，設備・備品を調達する

> **今週の要点**
> 1．事業活動に必要な経営資源の調達を開始する．
> 2．最適の事業拠点を探す．
> 3．必要な設備，備品とその費用を考える．

第7週と第9週で，顧客は誰か，どこにいるか，どうやって製品やサービスを売ればよいかを考えました．今週と来週は，経営資源について考えます．どんな事業でも，製品やサービスを顧客に提供するには，経営資源がなくてはならないからです．

凧揚げ

事業活動に必要な経営資源の調達を開始するにあたり，まず注意したいことがあります．決して資金を使いすぎるなということです．

あなたの起業プロジェクトは，まだまだ手さぐりの状態にあります．新事業の立ち上げを凧揚げにたとえてみましょう．あなたは今，凧を揚げようとして，風の方向，つまり，顧客ニーズの変化の方向を見定めている状態です．その風は凧揚げに十分な強さか，つまり，事業を成功に導いてくれるのに十分な需要があるかを確かめている状態でもあります．今の段階で，設備などへの多額の投資を行なうのは，凧の代わりに高価な飛行機を飛ばそうとするようなもので，避けるべきです．万事，できるだけ安上がりに，簡単にすませましょう．顧客に見

せる必要のない舞台裏などは，見栄を張ることはありません．資金を節約することが大切です．

事業の拠点

 あなたの事業には，初めから事務所や店舗などの建物が必要ですか？

 小売業をやる，しかしカタログ販売や，ホームパーティーや，出張販売や，インターネット販売はしないというのがあなたの方針なら（インターネットの利用は本当に真剣に考えるべきだと，著者は主張したいですが），店舗がどうしても必要ですね．その場合は，地域を決め（先週，販売戦略を考える中で，おおよその見当はついたかもしれません），「貸店舗」の看板や新聞広告に注意して，適当な賃貸物件を見逃さないようにしましょう．地元の商店をいくつか訪ねて，店主に，店舗の貸主とその評判，紛争はないかなどを聞いてみるのも有益です．近々出てきそうな賃貸物件の情報を，入手できる可能性もあります．

 あなたの事業が何かものを作る事業である場合も，建物は必要です．ただし，製品は，あなたが顧客に配達して販売するでしょうから，顧客が工場に来る機会はほとんどないと思います．したがって，見栄を張ることなく，もっぱら家賃の安い物件を探すべきです．工業団地に賃料の格安な物件がよくあります．希望の地域内を実際に動き回り，地域の新聞広告や，地元の不動産業者の話なども参考にしましょう．

 あなたの新事業が，もし事務関係の業務を中心としているのであれば，何とか自宅で仕事ができないものでしょうか？　部屋をひとつ空けて模様替えするのは可能ですか？　物置か車庫を改修するのはどうですか？　持ち家なら購入契約や住宅ローンの条項，借家なら賃貸契約などに，業務用に使うことを禁止する規定がないかも確認する必要

があります．火災保険にも変更手続きが必要な場合があります．

　事業の拠点を確保するための選択肢は，ほかにもいくつか考えられます．

- ビジネス・インキュベーター
  起業を支援する機関が設置する施設です．通常，事務机を置いた小規模な間仕切り空間や，簡単な機器を備えた部屋などが集まった建物で，新たに事業の立ち上げに挑戦する人々の利用のために提供されています．運営主体は，主として地方公共団体か大学，一部，民間経営のものもあります．ほとんどの施設には，経営指導や成長支援のためのサービスがついていますが，中には，単に場所だけを提供し，家賃はきわめて低廉，入退居の条件も緩やかという運営方針のところもあります．また，入居企業の育成，支援に熱心なビジネス・インキュベーターでは，多くの時間とエネルギーを割く見返りとして，入居企業の株式を要求するところがあります．くわしくは，各地域に起業支援制度に関する情報センターがあるはずですから，そこへ問い合わせるのがよいでしょう．インターネットでの検索も可能なはずです．
- 知人の会社の片隅
  あなたの人脈をたどったら，自分が経営する会社の店舗か，事務所か，工場の片隅を，ただ同然で貸してくれるような人は，ひとりくらい見つからないでしょうか？　友人の友人まで含めて，探してみる価値があると思います．
- サービスつき賃貸オフィス
  ビルのひとつの階を細かく区分けして，サービス付きで賃貸する，いわゆるサービスオフィスがたくさんあります．小規模な事務所用スペースには，小規模企業ばかりでなく，簡単な地方拠点を求

める大企業からも需要があるためです．提供するサービスは，受付，電話の応対，ファックスやコピーなど，賃貸期間が短期に限られる場合も多いですが，起業準備の初期段階で，ビジネスアイディアを試してみる場合などに向いている（賃料があなたの予算に照らして適切なら）かもしれません．

事業拠点の建物を探し始めるにあたっては，あなたの事業にとって欠かせない条件を，もらさず一覧表にしておくべきでしょう．立地条件，面積，地域の公共的社会基盤（インフラストラクチャー），警備上の安全，駐車場，そのほか事業に必要な特殊項目などがあげられるでしょう．

不動産会社に条件を見せ，候補物件リストをもらうほか，地元紙の物件紹介欄，ウェブサイト，聞き込みなどを通じて，できるだけ多くの候補を入手し，見学に行きます．念のため，見学の際に確認すべき事項を掲げておきます．

1．家賃はいくらか？
2．管理費は含まれているか？
3．公共料金で，家賃に含まれるものはあるか？
4．建物外装の維持補修費用は貸主，借主，どちらの負担か？（通常貸主のはず）
5．建物内装の維持補修費用はどうか？（インキュベーターやサービスオフィス以外は，通常借主のはず）
6．入居可能日は？
7．現在設置されている設備，備品類のうち，残されるもの，撤去されるものは？
8．最短賃貸期間は？

9．解約通知期間は？
10．家賃改定の間隔は？　改定には所定の計算方式があるのか？
11．賃貸契約に決められた土地，建物の使用目的制限は？
12．地元当局による用途，景観などに関する規制は？
13．法人住民税などの地方税は？
14．賃貸契約前に，保険会社が火災保険の見積りのため，事業所に立入り調査してもよいか？
15．過去に空き巣，盗難の被害はあるか？
16．入居後の家賃免除は？　一定期間無料になる例も多いので交渉してみる．その分，内装工事費などに充当できる．
17．初年度だけ割引家賃を適用して，事業が軌道に乗るのを支援してくれないか？　これも事例は少なくない．粘りと交渉力は起業家の武器のはず，ともかく掛け合ってみること．
18．駐車場は？　利用可能台数と料金は？

　いろいろ見て回ったら，最適の物件と，次点，次々点を決め，詳細を記録します．ただし，まだ正式契約も口頭での約束もしないこと．もう少し待ちましょう．なぜなら，こうした物件探しは，本当にあなたの要求に合致するものが見つかるまで，あと数週間，場合によっては数か月間続ける必要があるからです．ここで妥協すると，あとで後悔するだけです．事業拠点の決定は，起業準備の中でもっとも重要な決断のひとつです．たとえ営業開始を遅らせることになっても，納得がいく物件を探すべきです．

　自宅を仕事の場所にする場合は，あなたの会社からあなたあてに家賃を払います．これには税法上の考慮も必要で，会計士を決めたら，助言を受けることを勧めます．会計士選びは次週の課題です．

公共料金について

あなたが選んだ物件の家賃には，公共料金が含まれるかどうか，もう一度確認してください．インキュベーターやサービスオフィスでは，公共料金の一部を貸主側が負担するのが一般的です．また，公共料金に関係する事項として，以下のような点に注意しましょう．

- 電　話
  電話については，現在の回線数を確認し，増設が必要か検討します．ファックス，高速インターネット，顧客のクレジットカード処理などに専用回線が不可欠な場合もありますが，開業当初は，なるべく少ない回線で何とかやりくりすることが基本です．
- 電　気
  毎月の料金のめどをつけておきましょう．事業所の場所，種別，事業内容などを伝えれば，電力会社が試算してくれるはずです．
- ガ　ス
  暖房などの設備が，ガス利用のものか確認し，料金の概算を把握します．電気同様，試算はガス会社がやってくれるはずです．
- 上下水道
  料金体系を確認しましょう．払わなければトイレも使えません．
- 地域公共サービス料金および税
  地方税としては，法人（ないし個人）事業税もかかります．ごみ収集などが有料化されている場合もあります．確認すればすぐわかります．

調べたことは記録し，あわせて，何をどのくらい使用するか，したがって料金の支払額はどのくらいになるかを試算しておきましょう．

改装費用について

　店舗，事務所など，何に使うかにかかわらず，入居前にはどこかに手を入れる必要があるでしょう．この分の経費を忘れずに計上しておいてください．

どんな設備や備品が必要か

　あなたの事業が必要とする設備類があるはずです．物件探しをしながら，どんな設備を備えるか，計画を立てましょう．

　小売業なら商品陳列ケース，カウンター，キャッシュレジスター，照明器具，クレジットカード処理器（これについては次週，くわしく検討します）が必要ですね．調理した食事を提供する事業なら，調理器具，冷蔵庫，保冷庫は必需品，ほかにカウンター，キャッシュレジスター，クレジットカード処理器が必要で，持ち帰りに加え店内で食事ができる形式を取るなら，さらにテーブル，椅子，食器，ナイフ，フォーク，トレーなども備えます．製造業なら製造設備はいうまでもありませんが，中古市場で見つかればそれで十分です．

　これらのほか，どんな業種でも，管理業務のための備品や事務用品，すなわち，机，椅子，書類収納キャビネット，書棚，掲示板，照明器具などが必要になります．パソコン，プリンター，電話機，ファックスの設置も不可欠です．何らかの業務用車両が必要な事業もあるでしょう．このほかにも，こまごまとした備品類がたくさん必要になるはずです．よく考えて，すべてをもれなく書き出しましょう．

　こうして長い一覧表ができたら，今度は，なるべく安く買う工夫をすることが大切です．もしかすると無料で譲ってもらえるものだってあるかもしれません．設備，備品類をどこから購入したらよいかは，まず知り合いに聞き，さらに電話帳，業界紙，インターネットの業者検索サイト（イギリスならケリーズのサイトなどがある）を活用しま

しょう．

> **起業家の言葉**
> ★ リチャード・オサリバン……「ミリーズ・クッキー」の社長．管理部門に資金を使わないよう心がけている経営者のひとり．
> 「ひとり，2人で，こつこつと積み上げてきた事業だから，間接費はいつも厳しくおさえてきた．資金に余裕があるなら，しゃれた役員室を作るより，優秀な人材の採用や，販売店舗の美化に使う方がよほどいい．役員室で売上げが上がるわけじゃない．そうなら，とっくに役員室にキャッシュレジスターを据えつけている．」

今週の活動一覧

1. 事業拠点が備えるべき条件を書き出す．
2. 候補物件を探す．方法は，不動産会社を利用する，新聞広告に注意する，車や徒歩で聞き込みに回るなど．
3. 候補物件を見学し，あらかじめ用意した質問をぶつける．
4. 最適の物件と，次点，次々点を決め，詳細を記録する．
5. 電気・ガス・水道，電話，地域公共サービスの利用に問題はないか，何をどのくらい使用する予定か，料金はどのくらいかを調査し，費用を試算する．結果を記録しておく．
6. 必要な設備，備品を，細大もらさず書き出した一覧表を作る．購入先，購入額のめどを立てる．

連絡先

- イギリスには公認建築物鑑定士の組織（The Royal Institution of Chartered Surveyors）がある．（www.ricsfirms.co.uk　電話：0870-333-1600）
- このほか，事業拠点を置く地域で，一般向けおよび商業施設専門の不動産業者を探し，いろいろ聞いてみること．不動産業協会（The National Association of Estate Agencies）のウェブサイトが役立つ（www.naea.org.uk）．
- Kelly's Directory のウェブサイト：www.kellys.co.uk

今週の標語

最初の顧客に誰がなる？

第11週：経営資源の調達2
―人的資源と情報関連装備

> 今週の要点
> 1. 事業活動に必要な経営資源の調達を継続する．
> 2. 人的資源の必要性を検討し，調達を実施する．
> 3. 情報関連の社内装備についても必要性を検討し，調達を実施する．
> 4. 事業計画書の「経営資源」の項を完成する．
> 5. 会計士と面談する．

先週の初めに確認したことがありました．あなたの事業には，初めから事務所や店舗などの建物が必要かどうかということです．もし，必要だというのがあなたの結論だとしたら，先週は拠点探しでずいぶん忙しかったことでしょう．もしかしたら今週も，物件の実地調査を続けなければならない状況でしょうか．まだ数週間かかるかもしれませんね．まあ，じっくりやってください．あわてる必要はありませんから．

それと平行して，今週は，事業活動に必要な別の経営資源の調達について考えます．今週は，人的資源と情報関連の社内装備に焦点をあてます．

人的資源
起業準備の過程では，何かとやることが多いものです．もし共同創

業者がいれば，大いに助かるのは事実です．もしあなたが単独で起業に挑もうとしているのなら，それはそれでひとつの考え方ですが，その場合は，あなたを支える戦力として従業員を雇うかどうかという選択をしなければなりません．

人的資源の調達，すなわち人材の雇用を実行すべきか否かは，プラス，マイナス両面を考慮したうえで判断すべきです．たとえば，あなたひとりの場合は，どんなにこまごまとした仕事でも（そういった仕事が事業の初期段階には特に多いのですが），すべて自分でこなさなければならず，座る時間もない忙しさを覚悟する必要があります．その代わり経費は節約でき，人まかせによる失敗の危険も少ないでしょう．人を雇った場合には，仕事の分散が図れるものの，人材の選考や管理について学ぶ必要が生じます．どちらを取るべきか，考えどころです．

本書では，あなたが単独で起業に取り組むという前提で話を進めます．今はまだ，うまく凧が揚がるかどうか，すなわち，ビジネスアイディアが上昇気流に乗るかどうか，風を測ろうとしている段階です．まずは開業にこぎつけること，そして最初の6か月を無事乗り切ることです．そうすれば，人を雇える状況が来るかもしれません．

しかし，どうしても事業開始直後から常勤の従業員が必要だという事情があれば，せめて初めのうちだけでも，友人や家族が手伝ってくれれば助かります．頼んでみましょう．確かに，営業初日から常勤の従業員がいなければ絶対成り立たない事業もあるのです．ピザの宅配などはその例です．あなたひとりで，ピザを焼くのと配達するのとを同時に行なうことはできないのです．

人材の雇用が必要な場合は，章末の「役立つ情報源」に掲げた書籍などが役立つはずです．そのほかには，著者のウェブサイト（www.

flyingstartups.com）や，第3週に紹介した『事業を起こす人のための政府の規則と規制に関するまじめな案内書』という小冊子も参考になります．

　BtoBの事業を目指す場合，人の採用についてひとつ注意があります．企業相手の事業においては，事業の最初の段階では，営業を絶対に従業員まかせにするなということです．事業に一番情熱を持っているのはあなたです．何とか顧客を満足させようと心をくだいているのはあなたひとりです．営業担当者を雇うということは，長期の経営目標よりは当面の稼ぎに関心があるかもしれない人間が，最初からあなたの会社の代表として顧客に接するということです．立ち上がりの超繁忙期に，従業員の管理という新業務に精力を取られるという負担を背負い込むうえに，こうした危険もかかえ込むのです．事業の最初の段階で人を雇うなら，営業以外の業務を任せることにして，会社の顔として顧客と接する営業活動は，あなた自身が行なうのが安全です．

情報関連装備
　ますます通信技術の活用が進む今日では，創業したばかりの事業といえども，かなりの生命力と競争力を持つことができるようになっています．携帯電話，eメール，インターネットなど，情報通信網のおかげで，起業家は世界の状況を知り，世界は起業家の存在を知ることができます．あなたの小さな新事業も，たいした費用をかけずに，大企業に負けない情報と知名度を得ることができるのです．では，あなたの会社では，どんな機器を揃え，どんな情報関連装備を持てばよいのでしょうか？

- パソコン

　パソコンやプリンターはいうまでもなく必需品ですが，すでに持っていることと思います．台数を増やさなくても業務をこなせれば理想的です．よく検討してください．

- eメール

　仕事を進めるためにeメールが必要かと問われれば，大多数の起業家は，考えるまでもなく，もちろんと答えるでしょう．しかし，それにしては，メールアドレスがあまりにも洗練されていないという場合が多いように思います．fredwsmith1181@everybodymail.com とか fredwsmith 97@yourbusiness.bigintrnetcompany.com など，素人臭い感じがするものは避けるよう注意すべきです．これで十分というのもひとつの考え方ではありますが，一度，独自のドメインネームを登録することを考えてみてはどうでしょうか．それによって fred. smith @yourbusiness.com のようなeメールアドレスが使えるようになれば，顧客にも，はるかにプロらしい印象を与えられます．インターネットの雑誌で登録業者名とサービス内容を調べるか，章末に掲げたウェブサイトを活用してください．費用は思ったほどかからず，効果は思ったより大きいといえます．

　もし，何人かで起業準備を進めていて，複数のeメールアドレスを必要とし，相互のスケジュール管理も重要だという場合には，そのためのサービスを専門会社から購入すべきです．マイクロソフト・エクスチェンジ・サービスという機能を提供する会社名は，章末に書かれた通りです．もちろん，このほかにも何社もありますので，どこを使うかはインターネットを検索して見つけたらよいでしょう．どこを使っても，利用者はただマイクロソフト・アウトルックを使ってログインするだけ．サーバーの維持管理からソフトウェアの更新まで，技

術的な面はすべてサービス会社の仕事なので，一切気にしなくてすむのがありがたいところです．サービス購入経費はもちろんかかりますが（1か月20ポンド，約4,000円），その代わり，サーバーに関するハード，ソフト両面の費用（それぞれ約1,000ポンド，約20万円，ないしそれ以上）や，技術関係の維持，補修に取られる時間の負担が皆無になります．

● 自社のウェブサイト

　自社のウェブサイトが事業に役立つかと聞かれた場合も，今や多くの起業家が役立つと答えるでしょう．単に自社情報を顧客に提供するだけのサイトであっても，あった方がよいと考える人が多いはずです．自社のサイトは，それを発展させることができ，必要ならeコマース用に展開し，B to CやB to Bの販売活動を行なうことも可能です．

　ウェブサイトを作る場合，サイトのデザイン会社を使うのは，決して安くありません．心得のある友人を活用するなど，節約の方法を見つけましょう．しかし，もし，あなたの事業においてウェブサイトの重要性が大きいのであれば，専門家の手にまかせるべきです．その際も，ソフトウェアは無料で公開されているものを使ってもらい，製作費をデザイン会社の手間代だけにして節約を図るなど，少しでも安くする方法を工夫しましょう．サイトの更新もあなたが自社で行ないます．

　ウェブサイトの作成を外注する場合，デザイン料の見積りは数社から取りましょう．どのデザイン会社にも，必ず，その会社が作った実際のサイトを見せてもらいましょう．紹介の写真ではなく，実物に触れ，使ってみることです．速度は速いか？　見栄えは良いか？　使いやすいか？　選択表を作って，1項目ずつ評価しながら，最適の会社を選びましょう．ただし，どの相手ともまだ確約はせず，今は見積り

を取ることに徹するべきです．

　なるべく安く，できればただで，というのが，著者の大方針ですから，ほかの方法も検討しましょう．たとえば，無料公開のソフトウェアに意見交換の場を提供するサービス，すなわちフォーラムが付設されていて，そこでソフトウェアにきわめて強い，理想的なウェブサイト製作者に出会うということがあります．また，一般用に市販されているソフトウェアには，それを購入すると，デザイン会社からウェブサイト作成サービスを受けられるというものがあります．これらの活用も検討しましょう．

● クレジットカードによる販売のための情報装備

　クレジットカードでの販売を行なう場合，まず，クレジットカード会社に加盟の申し込みを行なう必要があります．申し込みはクレジットサービス会社（英米ではクリアリング・ハウスと呼ばれる）経由で行なわれ，審査がすみ，加盟店になることが承認されると，代金受取り用の銀行口座（英米ではマーチャント・サービス・アカウントという）が開設されます．サービス会社は，顧客が加盟店の店舗などでカードを利用する都度信用確認を行ない，加盟店からの売上報告の取りまとめ，顧客あての計算書送付，顧客の銀行口座からの代金引き落とし，加盟店への支払いを行ないます．

　商店やレストランのレジでなじみの深い，スワイプマシンと呼ばれるカード読み取り器は，クレジットサービス会社が貸与してくれます．スワイプマシンは，カードの事故情報やカード使用者の信用状況を確認し，売上げ発生の連絡を送信します．最近は売上伝票へのサインの代りに暗証番号を打ち込む方法が普及しており，マシンには，そのための入力装置が連結しています．

　インターネット販売であれば，ペイパル社によるサービスのように，

eメールで代金のやりとりを行なう方法もあります.登録が簡単で,手数料も少額ですみますが,本格的な,プロフェッショナルな感じはあまりないように思います.代金決済サービスを提供するほかの会社や銀行についても調べてみましょう.

● ソフトウェア

　必要なソフトウェアを3つに大別しましょう.第1は会計ソフトウェアです.会計帳簿の作成,管理は,手作業でなく,勘定処理用のソフトウェアで行なう場合が多いでしょう.評価の高い市販のソフトウェアがいくつかあるはずです.イギリスではセイジとクイックブックスが有名で,特に会計士は,どういう利害関係からか,セイジを推奨します.クイックブックスは取扱いが容易で,事業の立ち上げ段階に適していることから,これを使おう,最初は廉価で使い方も簡単なものですまそうと思いがちですが,将来,かなりの事業規模に成長しようという計画の場合には,初めから,セイジのような,機能が多く,高性能版が出た時に切り替えやすいソフトウェアを選ぶべきです.

　第2は,ワープロと表計算用のソフトウェア,ただしこれらは,通常すべてのパソコンに搭載ずみのはずです.もし未搭載のパソコンを買った場合は,第1週に見たソフトウェア類を復習してください.

　第3は,業種ごとに特別に必要とされるソフトウェアです.あなたの事業に該当するものがあるか,検討してください.

● 電　話

　電話は何台,電話回線は何本必要ですか? 電話交換機能は? 自動交換機を置くのか,機能付電話機で十分か,電話会社のサービスを利用できるか,経費節減に有効な方法を考えましょう.たとえば,イギリスの電話会社ブリティッシュ・テレコムには,フィーチャーライ

ンというサービスがあります．接続は通常通り壁の端子で可能，オフィス内通話は無料，外線から使用中の番号にかかってきた時は，空いているほかの電話機へ自動的に転送などといったサービス内容で，交換機を設置したのと同じ効果があります．受話器60台まで可能です（今のあなたには十分な台数ですね！）．工事費用は70ポンド（約1万4,000円）以下，1台あたり1か月20ポンド（約4,000円）のサービス料がかかります．つまり，通常の電話と比較した経費増は，1か月7ポンド（約1,400円）程度です．

　また，会社として複数の携帯電話を購入する場合，ビジネス顧客向けの割引料金制度や，その他の各種サービスが受けられるはずです．内容は携帯電話会社ごとに異なり，きわめて複雑です．比較表でも作って，しっかり研究しましょう．自宅や主要顧客のオフィスなどが，選んだ会社の通話可能範囲かどうかも確認が必要です．

● 勧められない機器

　ひとつはCD-Romの名刺です．一時イギリスでは大流行しましたが，形が変で，受け取った人が自分のコンピューターに入れるのを恐れるような代物でした．やめましょう．携帯電話と携帯メールに駆逐された携帯呼出し機（ポケットベル）も，今や過去の商品になりました．

事業計画書―「経営資源」の項をまとめる

　今週は経営資源のうち，人的資源と情報関連の社内装備について，必要なものを点検してきました．点検の結果は書面にまとめます．

　今週のまとめは先週のまとめと合体します．先頭部に要約をつけ，必要な経営資源，必要とする理由，入手先，入手費用の全体像がわかるようにします．これで，事業計画書の「経営資源」の項が完成しま

す.

会計士を選ぶ

ところで,そろそろ会計士選びについて考える時期になりました.まず面談が必要ですが,あなた側の心得は,基本的に銀行との面談の時と同じだと考えてください.つまり,馬が合う相手を選ぶのが主目的だということです.相手側にとっては違います.銀行はあなたにお金を貸す立場,会計士は契約した顧客からお金をもらう立場です.今回は,相手に好印象を与えるべく努力するのは,あなたではなく相手方です.

会計士を探すのは,次のような仕事を依頼するためです.

1. 会社設立手続きに関する支援
2. 事業計画書の精査,改善
3. 資金調達への助言,支援
4. 年次決算の取りまとめ
5. 法人税の計算,税当局との折衝.場合によってはあなた個人の税務処理も.

これらを依頼するのにふさわしい相手かどうか見極めましょう.あわせて,以下のような点についても面談で確認しましょう.

1. 報酬は,あなたの必要なサービスがすべて含まれた金額か? 追加料金が発生しない固定制か?
2. 会計士は,ほかの起業案件と契約する場合はあなたの同意を得る(秘密保持のうえで必要であれば)ということを了解するか?
3. 報酬支払いの時期は?

4．面談相手が，あなたの担当者となるのか？
5．新規の起業案件を取り扱った経験は豊富か？
6．起業案件を支援した実例を開示してくれるか？
7．あなたがやろうとしている事業分野での経験はあるか？
8．あなたの事業が収入を上げるまでは，所定の報酬の支払いができない恐れがあることを了解済みか？
9．彼らの使っている会計用のソフトウェアは，あなたのものとデータ交換が可能か？

　もし，事業の拡大などで処理すべき伝票類が多くなりそうな場合や，あなたが簿記や帳簿作成に習熟していない場合は，会計士に，経理事務を処理する事務員の派遣を依頼することもできるでしょう．比較的少ない経費で，多くの起業家にとって不得意な，数字を処理するという仕事の苦痛を引き受けてもらうのはありがたいことです．面談相手の会計士に，適任者の推薦と派遣を頼んでみましょう．
　優れた会計士にめぐり合うことは，あなたの事業にとって信じられないほど大きな力となるものです．経験，人脈を生かして，幅広い分野で，あなたに助言と支援を与えてくれます．会計士なんて単に数字の足し算をしてくれるだけ（事業の立ち上げ時には引き算ばかりでしょうが），と思ったら大きな間違いです．候補リストに掲げていた会計士全員との面談を終えたら，必要項目を精査しながら，銀行選びの時のように，あなたの会社にもっとも適した相手を選択します．ただし，この場合は銀行選びと違い，これを最終選考とします．早く決めるのが一番だと思います．

起業家の言葉

★ 「コーヒー・リパブリック」の創業者のひとりであるサハー・ハシェミは，従業員を採用する時，従来の方法ではなかなかうまくいかないという経験をした．そこで，あまり一般的でない，思い切った方法で，人材採用を実行した．

「最初は夕刊紙に広告を出した．しかし，応募してくる人は，採用したくないような人間ばかり．何かほかの方法を考えなければと思っていた時，たまたま，サンドイッチショップのプレタ・マンジェで，従業員の素晴らしさに感銘を受けた．いつも笑顔で，仕事ぶりも皆きちんと揃っていた．問題解決の方法はひとつしかないなと，その時私は思った．プレタ・マンジェの従業員をつかまえてこようと，数人に接触し，少し高い時給を申し出て，引き抜きに成功した．これが，コーヒー・リパブリック最初の人材獲得の方法だった．」

今週の活動一覧

1. 従業員を雇う必要があるか否かを決める．
2. 雇う必要があると決めた場合は，担当する業務の内容を明確に定め，給与規定を作る．
3. 情報関連で社内にどんな装備をしたらいいか，分析し，決定する．
4. 情報関連装備の購入先と必要額を研究する．
5. 先週の調査，分析結果と合わせ，事業計画書の「経営資源」の項を書き上げる．
6. 会計士と面談し，決定する．

連絡先

- ドメインネームの登録およびeメールサービス関連
  ① www.ukreg.com
  ② www.netbenefit.com
  ③ www.123-reg.co.uk
  ④ www.godaddy.com　これはアメリカの会社だが，イギリスのクレジットカードで支払いができる．料金格安．著者も飛びついたサイト．

- ウェブサイトホスティング関連
  ① www.fasthosts.co.uk
  ② www.donhost.co.uk
  これらはシェアード・ホスティング・サービスを提供している．

ただし，あなたの事業運営において，ウェブサイトが決定的に重要な役割を担っているとしたら，これらのサービスを利用するのではなく，あなたの会社専用のサーバーを借りるべきである．www.servermatrix.com は，使ってみて非常によかったアメリカの会社．専用サーバーのレンタル業界で，満足できるサービスを提供しているのはアメリカの会社だけである．ただし，このように海外にあるサーバーを使う場合は，あなたのウェブサイトの利用条件に，「利用者の情報が海外（ヨーロッパ連合域外）にあるサーバーに送られ，保管されることに同意する」旨の一項を，間違いなく入れておくこと．

- 無料公開ソフトウェア関連
  ① www.mamboserver.com
  ② www.drupal.org

③ www.x-cart.com　先進的なeコマース用のソフトウェア．無料ではないが価値はかなり高い．

- オンライン決済関係
  ① www.paypal.co.uk
  ② www.netbanx.co.uk
  ③ www.worldpay.co.uk
  ④ www.protx.com

- グループeメールとスケジュール管理関係
  www.cobweb.co.uk　著者が使っているもの．推奨できる．

- 会計ソフトウェア関係
  ① www.sage.co.uk
  ② www.quickbooks.co.uk

役に立つ情報源

Ros Jay, *How to Build a Great Team*. (Financial Times Prentice Hall), および同著 *Fast Thinking Manager's Manual*. (Financial Times Prentice Hall)

後者は，経営管理上の重要課題への対処策を集めたもの．あなたも，人を雇えば管理の問題に直面するが，この本は，新規の人材採用と採用した人材の育成についても，3つか4つの指針を示していて，きわめて役に立つ．

今週の重要用語

「シェアード・ホスティング・サービス」：ひとつのサーバーで，複

数のウェブサイトを管理するサービス．利用者は，自分の情報以外に触れることはもちろんできないが，ハードウェアの面では，ディスク領域，メモリー，演算装置などを共有している．これは費用の面ではもっとも安い方法だが，共有する相手が大量のデータ処理を継続的に必要とする場合などには，あなたのサイトの反応が鈍くなる恐れもある．

「専用サーバー」：1顧客専用で，ウェブサイト管理などのためにレンタルされるサーバー．利用者はサーバーのハードウェアに触れることはなく，また所有権があるわけでもないが，サービス会社が責任を持って維持，補修と，インターネットへの接続確保を行なってくれる．

「eコマース」：ウェブサイトを通じた商品，サービスの販売．顧客番号で取引を識別し，郵便などで代金請求書を送付するごく初歩的なものから，クレジットカード決済の機能を備えたものまで，さまざまな形態がある．

「マーチャント・サービス・アカウント」：あなたが，クレジットカードで商品やサービスを販売した時に，売上代金を受け取るための銀行口座．カードによる販売が発生する都度，あなたが加盟しているクレジットサービス会社の手続きを経たうえで，売上代金が振り込まれる．

今週の標語
最初の顧客に誰がなる？

第12週:調達先を選ぶ

今週の要点
1. どんな調達先が必要かを考える.
2. あなたの事業にふさわしい調達先を何社か探し出す.
3. 調達先の価格,取引条件,取り扱う製品やサービスの範囲を調べる.
4. 取引できそうな調達先について調べ,要約を作成する.
5. あなたの事業を説明するパンフレットを発注する(今後数週間以内に必要になる).

　先週,先々週と,事業経営に必要とされる経営資源をすべて洗い出すよう努力してきました.そして,それらの入手方法も考えてきました.しかし,まだ足りないものがあります.あなたの事業とつき合ってくれる調達先を探すことです.ここでいう調達先とは,あなたが起業準備のために必要な設備や備品を購入する相手(それについては先週と先々週に述べました)ではありません.調達先とは,あなたが顧客に製品やサービスを提供し,事業を継続的に営んでいけるよう,あなたの会社と継続的に取引を行ない,外部から支えてくれる企業のことです.

　調達先との取引と,先週,先々週と検討した設備,備品などの購入との間には,会計上大きな違いがあります.さまざまな経営資源,つまり事業所,設備,管理のための人材などに支払う費用は,売上げの発生に関わりなく固定的に生じる費用であり,会計上では販売管理費

に計上されます．一方，今週取り上げる調達先との取引の費用（仕入れ代や外注費など）は，売上げが発生した分だけ生じる費用であり，売上原価として認識されるのです．

　先週，あなたは，人を雇おうと決めたかもしれませんね．でもここでもう一度考え直してみてはどうでしょう．起業初期の段階では，人材雇用の代わりに適切な調達先からのサービスを利用できれば有益です．それによって販売管理費を圧縮できるからです．

　あなたの業界にとって重要な調達先は誰かを知ることが必要です．これについては，今まで行なってきた業界調査や市場調査の過程で，もう名前をいくつか知っているものとしましょう．ここでは，あなたの事業が外部の調達先から購入する必要のある製品やサービスを，すべて書き出してみましょう．たとえば，次のようなものが考えられるでしょう．

- 卸小売業の場合
  - 顧客に販売する商品．食品販売業なら食品，飲料．ただし食品販売の場合は，スプーンやフォーク，ナプキン，持ち運び容器，塩胡椒なども必要
  - 商品を入れる袋，包装紙（一般用，贈答品用）などの包装資材
  - カタログ販売やインターネット販売の場合に欠かせない宅配サービス
- 製造業の場合
  - 製品を製造するための原材料
  - 製品の梱包資材
  - 顧客に製品を運搬するサービス

- 専門知識提供事業の場合
  - 外部のコンサルタントなどのサービス（業務の一部を外注に出す場合に生じる）
  - 市販のコンピュータソフトウェアなど（自らの知的労働の代わりとして）．たとえば，ソフトウェアのコンサルタントが，すでに売られているソフトウェアの中で何が顧客のニーズにもっとも適合するかを調べ，それを購入し，利幅を上乗せして（ないしは販売元から手数料を取って）転売する場合がこれにあたります．コンサルティングなどの専門知識産業は，顧客のために一定期間，あなた自身の頭脳を働かせる事業ですから，基本的には外部の調達先は不要なはずで，売上原価に当たる費用もほとんどないのですが，たまにはこのように，調達先を必要とする場合もあるわけです．
- サービス業の場合
  - サービスを提供する過程で必要とする資材類や交換用部品など

調達先があなたについて知りたいこと

さあ，必要なものを書き出した一覧表を手許において，調達先に問い合わせをしてみましょう．もっと情報を集め，値段を聞きだすのです．あなたにぴったり合う調達先の見つけ方は，設備や備品の購入先を探した時と同じです。第10週の作業を思い出してください．

あなたの問い合わせに答えるには，調達先の側でも，いくつかの点について情報が必要です．たとえば次のような情報です．

1．あなたが必要とする製品ないしサービスの詳細な説明
2．毎回の注文量
3．注文回数

とはいえ，かなりの調達先は，依頼すればすぐに価格一覧表を送ってくれるはずです．

取引価格と調達先情報

調達先があなたに示す取引価格は，次のいずれかの形をとります．

1. 一般価格．特に業者間価格はなく，一般消費者向けと同じ価格で調達先が提示してくるタイプです．ただし購入量が多ければ大量購入による割引の特典が受けられます．製造業が自社内で加工をほどこして製品（ないしその一部）に仕上げる資材（自動車メーカーにおけるゴムホースのような，原材料，部品，消耗品など）に，このタイプは多く適用されます．
2. メーカー小売希望価格マイナス割引額．小売業者が消費者に対して，仕入れた商品に加工を加えずに販売する場合に多く適用されます．書籍はその一例です．イギリスの場合，書店は小売希望価格の40パーセント引きで，出版元から書籍を仕入れます．つまり，その書籍が14.99ポンドであれば，仕入価格は8.99ポンドです（割引率は交渉次第で変わります）．
3. 業者間価格．あなたが購入しようとする商品には，業者間の一般的な取引価格というものが決まっていて，それを調達先が提示してくるタイプです．あなたが消費者に販売する際の価格は，あなたの判断で決定します．業者間価格は一覧表に明示されているのが普通です．

次に，あなたの方から調達先に依頼すべき事項，聞いておくべき事項を見ておきます．それには以下のようなものがあげられるでしょう．

1. 製品カタログなどの説明書，その他の関連情報を送ってもらうこと．
2. 取引口座の開設方法を問い合わせること．申し込み用紙を送ってもらうこと．
3. 支払条件．購入代金の支払いは購入後30日という場合が，どんな取引にも一般的ですが，支払い側にしてみれば，これは長ければ長いにこしたことはありません．交渉してみることです．なお，調達先によっては，初めての取引に関しては前金を要求する場合があります．
4. 発注から商品到着までに要する時間．
5. 返品条件．購入した商品に傷が見つかったり，注文と異なるものが送られてきた場合に備えて確認しておきましょう．
6. 消費税は含まれているか？
7. どんな技術支援や販売後のサービスを受けられるのか？（購入するものがハイテク製品である場合は，この点が特に重要です）．
8. 調達先の情報を第三者に聞くことができるか？　調達先が適切な誰かを紹介してくれるか？
9. 調達先は，販売促進面でどんな支援をしてくれるか？　製品のパンフレットやポスターをくれるか？　店頭での商品展示を手助けしてくれるか？　広告に関する支援はどうか？
10. 製品の実物を点検し，品質を確認するうえで欠かせない製品見本を，取引開始前に送付してくれるか？

　覚えていますか，起業家が身につけるべき重要な技術のひとつに交渉術がありましたね．今こそそれを使いましょう．そして，量，価格，支払条件を少しでも有利にできないか，やってみるのです．
　この中でも，調達先との支払条件の交渉は，新規に事業を始めるも

のにとって，一番むずかしい交渉のひとつだと思います．始まったばかりの事業なんていつ潰れるかわからない，納入する側はそう考えがちで，現金払いしか認めないこともしばしばです．少なくとも最初の取引は現金のみ，それも前払いが条件という調達先が多いのが現実です．支払条件を少しでも有利にしようと考えるなら，まず，主な購入先や外注先の経営者と親しくなること，彼らと個人的な関係を築くよう努力することが大切です．

　起業準備の進み具合からみて，調達先に何か発注する必要が生じるのはまだまだ先だと思う場合でも，今から，いろいろ問い合わせをしたり，連絡を取り合ったりする調達先の候補を見つけておくことは非常に重要なことです．あとであわてたりがっかりしたりするのを防ぐには，早めの準備が一番です．

事業計画書—「調達先」の項をまとめる

　ここで，今週の作業をまとめて，簡単に書面にしておきましょう．このまとめは事業計画書の一部に充当します．まとめには，取引する予定の調達先名，購入する商品やサービスの内容，価格，支払条件を書き込みましょう．さらに，予定した調達先との取引がうまくいかない場合に備えて，第2候補の調達先名を，いくつかあげておくとよいと思います．

起業家の言葉

★　調達先との関係は，取引価格が安いところと付き合えばよいというものではない．良い調達先からは多方面の支援を得られる可能性があるのだ．現在，数社のベンチャー企業に関わっている

バリー・ギボンズは，かつて，1990年代初めにバーガーキングの社長を務めた頃の経験を振り返り，次のように言っている．

「バーガーキングでは，以前に飲み物の仕入先をAコーラからBコーラに変更したことがある．価格面ではAコーラの方が有利だったのだが，Bコーラは幅広く協力関係を築こうという姿勢だった．飲料販売機器への投資，その他各種の支援，サービス，販売促進面での協力などを提供してくれた．」

今週の活動一覧

1. あなたの事業が外部の調達先から調達する必要があるものは何か．製品，部品，サービスなど，すべてを列挙する．
2. 良さそうな調達先を見つけだす．
3. 見つけだした調達先に問い合わせを行ない，製品，サービスの詳細，価格，支払条件，そのほかの必要な情報を得る．
4. 調達先に関する情報をまとめて，事業計画書の「調達先」の項を完成する．
5. あと数週間以内には，消費税（VAT）に関する手続きが必要となる．関係書類を（手続きについて説明した小冊子が出ているのでそれらも），今週，関税局に発注しておく．くわしくは以下の通り．
   i. 消費税（VAT）関係通達：Notice 700/1「Shold I be registered for VAT?」
   ii. 消費税（VAT）関係通達：Notice 700「The VAT Guide」
   iii. 消費税（VAT）関係書類：Form VAT 1「VAT registration form」

ⅳ．経理関係通達： Notice 700/21「Keeping records and accounts」
ⅴ．経理関係通達： Notice 731「Cash accounting」
ⅵ．経理関係通達： Notice 733「Flat rate scheme for small businesses」
ⅶ．経理関係通達： Notice 732「Annual accounting」
ⅷ．小売関係通達： Notice 727「Retail schemes」

これらの請求先は次に掲げる通り．

連絡先

イギリス関税局（www.hmce.gov.uk　電話：0845-010-9000）．ここで VAT を取り扱う．窓口は親切，書類はわかりやすくできている．VAT に関する規定や条件を起業家に理解させる努力には，満点を与えたい．

> 訳注(1)：イギリスにおける VAT（Value added tax）は付加価値税ですが，日本でのわかりやすさの見地から，本書の訳文では消費税としています．
> (2)：2005年4月の制度変更により，イギリスの関税局（関税，VAT を取り扱う）は，内国歳入庁（所得税，法人税を取り扱う）と統合され，歳入関税庁となりました．

今週の重要用語

「間接費」：オーバーヘッド・コストともいう．たとえ売上げがまったくなくても，事業をしているというだけで，言い換えれば事務所や工場の屋根が頭の上に存在するだけで発生する経費．家賃，固定資産税，電気代，管理部門の人件費などがこれにあたる．

「売上原価」：製造した製品のうち販売した分にかかった製造原価．サンドイッチの製造，販売の場合は，売れたサンドイッチにかかった

パン代，ハム代，マスタード代，そのほかの材料費の合計と労賃がこれにあたる．（卸小売業の場合は，仕入れた商品のうち販売した分の仕入原価が，サービス業の場合は提供したサービスの原価が，それぞれ売上原価にあたる．）

「利幅の上乗せ」：値入れ，マークアップともいう．事業の利益を確保するため，製造原価（ないし仕入価格）に一定の利幅を上乗せして販売価格を決定すること．たとえば，コンピューターシステム関係のコンサルタントが，外部の調達先から200ポンド（約4万円）で購入した市販ソフトウェアを，顧客に300ポンド（約6万円）で販売するのがその例．この場合の上乗せ率は50％となる．

今週の標語
最初の顧客に誰がなる？

第13週：競合相手を研究する

今週の要点
1. 競合相手はどんな会社（ないし人物）なのか，分析する．
2. 競合相手の製品，サービスを買ってみる．
3. 競合相手は新規参入者にどう反応するか，研究する．
4. あなたの事業の独自性，競合相手との相違点は何かを確認する．
5. 競合相手に関する研究の成果を文章にまとめる．

しばらく仕事量の多い週が続きました．事業拠点，ヒト，モノ，ソフトウェアなど，いわゆる経営資源の選定，調達先の決定などに関しては，まだ完了していない作業があるかもしれませんね．電話や手紙をくれるはずの相手から，まだ連絡がないようであれば，それも気になります．しかし，まあ，よくあることです．あまり心配しないでください．それに今週はやり残した仕事をこなす時間ができるように，課題を軽めにしました．今週の課題は競合相手の研究です．

競合相手はどんな会社（ないし人物）なのか？

まず強調したいのは，どんな市場でも，競合相手のいない業界はないということです．たとえ，今までなかったような革命的な新製品，新サービスを生み出したとしても，競合相手はいるのです．現在市場に存在している製品やサービスがそれです．それらは，すでに顧客に受け入れられ，顧客の財布と心の中で確固たる王国を築いています．

あなたが起こす革命の落し子は，それらと争い，その領地をいくらかなりとも奪い取らなければならないのです．

用意したリング式ファイルのうちの1冊を，競合先関係の資料用に使いましょう．業界の全体像を描くわけではないので，あなたが目指す特定の顧客層を取り合いそうなライバルに関してだけ資料を集め，ファイルを作成します．ファイルの中身は，競合相手ごとに色のついた紙で区分けして整理します．

ファイルするのは，あなたの作成するメモ，新聞の切り抜きなどです．メモには，競合相手に関しあなたが現在得ている情報をすべて記入します．会社名，住所，電話番号，製品ないしサービスの種類，最大の顧客，業界での評価，顧客の反応，一般の風評などです．切り抜きは，これまで一般紙，業界紙で見つけておいた関連記事があれば，まずそれらを片づけます．今後も，常にファイルできる記事がないか注意して，競合相手についての知識を積み上げましょう．

競合相手の顧客になってみる

一度，競合相手から何か買ってみると，面白い経験ができます．金額が張るものについては，問い合わせしてみるだけでも何かわかるでしょう．購入の申し込みをして，あとでやむを得ず取り消すというようなやりとりだけでも，何かしら感触は得られるものです．

顧客になってみると，競合相手の事業運営のいろいろな側面がわかります．顧客対応の良し悪し，製品に関する知識の程度，価格水準，品質，購入方法の選択肢（店舗販売，カタログ販売，電話，インターネットなど），それらの購入方法の使いやすさ，使いにくさなどです．この場合，注意しなければならないのは，あくまでも謙虚に，率直に相手を分析することです．欠点を探してやろうという姿勢はよくありません．むしろ相手の長所を探しましょう．そうでなければライバル

の顧客になる意味はありません.

　この経験でわかったことは,すべてメモにして,ファイルに綴じ込んでおきます.パンフレットや商品見本などを入手していたら,それらもファイル行きです.

競合相手を見る視点
　競合相手を研究する場合,どんな点に注目したらよいか,整理してみましょう.

- 一番強力な相手は？
  - 競合相手になるであろう企業の中で,売上げ,利益などが最大の相手はどこか？
  - 一番有名なブランドはどこか？
  - 顧客層や製品,サービス内容が,あなたと一番類似しているのはどこか？
- 一番尊敬できる相手は？
  - 競争を挑もうとするあなたの眼から見て,もっとも尊敬できる競合相手はどこか？

(以上については,一部または全部が同じ答えになることもあります.)

- 相手は新規参入者にどう反応するか？
  - そもそもあなたの参入を気にかけるか？
  - あなたとどの面で競争しようとするか？　価格か,品質か,ブランド力か？
  - 価格なら,どのくらい切り下げてくるか？　あなたの事業が成り立たなくなるまで徹底的にやるか？
  - ほかに予想される反応はないか(逆の立場だったらあなたは何

をするか)?

独自性の確認

 競合相手の分析を進めた段階で,あらためて自分の事業計画を見つめなおし,ライバルの事業内容と比較してみましょう.次のような比較から,あなたの事業に独自性があるかどうかが見えてくるでしょう.

- 製品,サービスに,どんな類似点,相違点があるか?
- あなたの設定した価格水準は,競合相手と比べて高いか,低いか? 一番低い価格が最善とは限らないが,他社より高い場合には,品質が良い,買いやすい,作り手のこだわりが込められているなど,何か高い理由が必要である.
- あなたの会社の仕事ぶりは,洗練され,高い専門性の香りがする,いわゆる本当のプロフェッショナルらしいものか? 競合他社と比べて優れているか?
- 何が魅力で,顧客はあなたの会社から買うのか?
- なぜ,顧客はあなたの会社でなく競合相手から買うのか?

まとめる

 今週は,競合相手について研究しました.成果は文章にまとめます.これは,事業計画書の「競合相手」の項を構成します.

改善点に気づくかも

 競合相手を研究した結果,あなたの事業計画に,先週までは見過ごしていた問題点があることに気づくかもしれません.問題点が見つかってもがっかりしないこと.それに気づいたことが大事なのですから.問題点は何もない? 本当ですか? 気づかないだけではありま

せんか？

> ### 起業家の言葉
> ★ 「私は，競合すると思われる企業については，長い時間をかけて調査した．ほとんどの情報はインターネットで得ることができた．その結果，私は，自分が考えていた事業内容は，すでに多くの会社がやっていることと似かよっているのに気づいた．そこで私が取った方法は，基本部分はどの会社がやっても共通だとの認識に立ち，他社の事業の一部に少しだけ工夫を加えて，自社の特徴を出すことだった．少しの工夫といっても，他社との差別化は十分確保されるよう気をつけた．」（トレントン・モス……「ウェブクレディブル」創業者）

今週の活動一覧
1. 競合相手に関係する資料ファイルを作成する．
2. 競合相手の情報を可能な限り大量に収集する．
3. 競合相手の顧客になってみる．
4. 業務内容を競合相手と比較する．
5. 調べた結果は文章化し，事業計画書の「競合相手」の項に充当する．

今週の標語
最初の顧客に誰がなる？

第14週：事業計画を PESTEC 分析にかける

> 今週の要点
> 1. 全体的な環境変化が事業の立ち上げと運営に与えるさまざまな危険を，政治，経済，社会，技術，環境，競争の分野に分けて予測する．
> 2. 対応策を準備する．
> 3. 業界や顧客ニーズに起きている変化の内容，変化の方向，事業への影響を予測する．
> 4. 以上を，事業計画書の「PESTEC 分析」の項としてまとめる．

　第5週から第13週までの9週間の作業は，事業を組み立てていく過程でも一番むずかしい部分でしたが，どうやら無事完了しましたね．事業計画としてまとまりました．おめでとう．あとは，この事業が財務面でどんな数値をもたらすかを予測して，事業計画と合体させるわけですが，その前に，念のため，計画を一種の耐震強度測定ともいうべき試験にかけましょう．あなたの事業が，どんな環境変化に弱いか，強いかを知るためです．

　銀行や投資家が，あなたの新事業に資金を提供するかどうか検討する時，重要な注意事項があります．どんな問題が発生する危険性があるのか，計画と実績の間にどんなずれが生じる可能性があるのか，起業活動の総責任者であるあなたは，それらを事前に検討し，把握しているか，そしてそれらへの対応策を準備しているかという点です．事

業計画書に正確に沿った形で起業準備とその後の事業運営が進むとは，誰も，いやしくも事業経営の世界に携わったことのある人間なら本当に誰も考えないでしょう．あなたに期待されているのは，事業を取り巻く多種多様な状況の変化に対応し，適合できる能力を持っていると示すことなのです．銀行や投資家は，適応能力の高さが起業成功の重要な鍵になることを理解しているのです．

危険はどこに潜んでいるのか─ PESTEC 分析

事業の立ち上げと運営には，思いがけない危険が潜んでいるのは今述べた通りですが，そうした危険は，次のようなさまざまな変化によって実際の危機となります．

- 政治的変化（Political change）
  - 法律の改定，規制の変更
  - 公的な融資制度の変更や廃止
- 経済的変化（Economic change）
  - 金利水準の上昇（支払利子負担を増加させる．）
  - 為替相場の変動（原材料価格の上昇，下落の原因となる．輸出競争力に影響を与える．）
  - 景気循環（不況期には販売先や調達先の倒産がでる．顧客の買い控えの対象がちょうど自社の製品，サービスにあたる可能性もある．）
- 社会的変化（Social change）
  - 流行や好みの変化（自社の製品，サービスが流行遅れになる．他社のブランドに人気が移る．たとえばある種の玩具など，特定商品が爆発的に流行する）．
  - 労働慣行の変化：早期退職傾向が強まる．ないしは逆に定年延

長が定着する．労働時間が短縮される．）
- ➢ 人々の生活様式の変化（居住地が郊外から都心へと回帰する現象が起きる．）
- ● 技術的変化（Technological change）
  - ➢ 技術改良（自社製品，サービスの魅力が，改良型の登場により薄れる．）
  - ➢ 革命的新技術の開発（新世代の製品が登場し，自社技術もそれに追いつかなければ市場から追い出される危機に直面する．）
- ● 環境面の変化（Environmental change）
  - ➢ 気象異変（夏の超高湿化，冬の温暖化などが，特定の商品の売れ行きに好不調の影響を与える．）
  - ➢ 環境保護団体の活動（活動のテーマによっては，自社の事業に影響がある．）
- ● 競争面の変化（Competitive change）
  - ➢ 価格競争
  - ➢ 新製品競争，品質競争
  - ➢ 広告競争
  - ➢ 同じ顧客層の獲得競争（自社の顧客層に的を絞った宣伝活動を他社が仕掛ける．）

このように，事業を危険にさらすかもしれない環境の変化を，政治，経済，社会，技術，環境，競争の分野に分けて予測する手法を，各分野の頭文字を取って「PESTEC 分析」といいます．経営コンサルタントなどが多く用いる手法ですが，その場合，最後の「C」は文化的変化（Cultural change）を指すことが多いようです．ここでは，文化は社会に包み込まれるべき 1 要素と考え，重要度が高まっている競争面の変化（Competitive change）と置き換えました．銀行や投資家と

いった,「C」イコール文化という用法に親しんだ人々にあなたの事業計画書を開示する場合は,なぜ「C」を競争の意味で使ったのかを説明できるようにしておきましょう. PESTEC 分析は,かつては PEST 分析として知られていました. なぜ「E」と「C」という新分野を加えるのがよいのかという質問にも備えておきましょう.

業界の中に変化は？

これまでの週に,あなたが起業する業界や,対象とする顧客に関して,かなりの調査,分析を行なってきました. したがって,あなたはすでに,業界や顧客ニーズにどんな変化が起きているか,変化の方向はどこを向いているかに関して,一定の感触を得ていると思います. 以下のような問いかけにも,答えが用意されていることでしょう.

- あなたの製品,サービスに対する需要の変化は？
- 販売価格の変化は？
- 原材料価格の変化は？
- 業界には切れ目なく新規企業の参入が続いているか？
- 業界から撤退した企業は？ その理由は？

以上のような,これまで気づいた変化のほかにも,まだ注目すべき変化が生まれているかもしれません. すべての変化を感じ取ることが重要です.

業界に新しい方向性が生まれる様子が見て取れる一例をあげましょう. イギリスのアイスクリーム市場では,有名製菓会社とチョコレートメーカーが,自社の強力なブランド力を利用して,一般向けアイスクリームの市場占有率を伸ばしています. 一方,高級アイスクリームの専業メーカーも,高級イメージを利用しながら,小さめの容器に入

れた，高品質，高価格という路線を追いかけて成功しており，2つの別な傾向が明らかになっています．

最大の危機と対応策

今週は，あなたの事業に危機をもたらすかもしれない環境の変化を，いかに予測するかについて見てきました．ここで，起きる確立がもっとも高い危機は何かを分析しましょう．事業に与える影響がもっとも大きい危機は何かも考えましょう．そして，それらが現実に起こった場合，最悪の事態からみずからを救うために何をするか，行動計画の作成に取りかかりましょう．

分析の結果と行動計画は，数枚のレポートにまとめます．まとめ方は以下の通りです．

- まず，「PESTEC 分析」と題をつけます．これが事業計画書の項目の名前です．
- 「P」すなわち政治から「C」すなわち競争面までの変化が，あなたの事業にもたらすかもしれない危機を列挙します．
- 次に，もっとも発生確率の高そうな危機と，もっとも影響の大きそうな危機をあげます．
- 危機発生時にどう対処する予定か，行動計画を記載します．

この PESTEC 分析の項では，全体的な環境変化の分析に加え，あなたが参入しようとする業界という，少し狭い範囲で見られる変化についても簡単にまとめてください．あなたの業界でも，さまざまな変化が生じているはずです．これまで気がついた変化の内容や方向性などを，簡潔に要約しましょう．そうした業界内での変化は，あなたの事業の将来性や危険度をどう変えるのか，また，業界内の変化という

身近な視点から予測する危険が，PESTECのようなより広い視野から予測する危険にどう関連するのか，この点にも触れてください．

落ち着いて！
不安になりましたか？ 事業経営ばかりではありません．家庭での生活，現在の職場での上司との関係など，どんなことにも，状況の変化によっては起きるかもしれない失敗，悲劇というものがあります．それらを，これでもかとばかり列挙すれば，不安が増してくるのは当然だと思います．しかし，今週は，とにかく，最悪の事態ばかりを想定しているということを忘れないようにしてください．そんな事態が必ず起きるといっているわけではありません．あわてない，しかし，見えない危険には備えておかなければならないということです．

チャンス発見にも PESTEC
PESTEC分析は，変化が生み出す新しい事業機会を予測するためにも使えます．是非，前向きにも使ってみてください．今週，あなたの体内に蓄積された不安を中和する解毒剤になるはずです．

起業家の言葉
★ マイクロソフト創業者のビル・ゲイツは，新しいアイディアの誕生，大きな流れの変化，潜在的リスクの有無にいつも注意を向けていることが，起業家にとっては決定的に重要だとの信念を持っている．

「たとえば技術分野では，大学と良好な関係を保ち，研究者たちが現在どんな研究をしているのか，これから何をしようと考え

ているのかを把握するなど，いつも触角を伸ばしていなければならない．同時に，広く各界の有力な識者との交流を怠らず，事業戦略への批判を受け，自分の世界で独善に陥っていないか，確認する必要がある．

　今は小さな変化にしか見えないことが，数年のうちに非常に大きな潮流になることがある．もし起業家が，大きな動きがはっきりしてからやっと，そろそろうちも他社と同じ流れに乗ってみようかといっても，たぶん事業の舵を切るには遅きに失しているだろう．そういう例は，ワング社をはじめ，枚挙にいとまがない．ワングはワープロを開発し，大成功し，そしてそれで終わってしまった．需要の変化に合った次の製品を出せなかったのだ．」

今週の活動一覧

1. PESTEC 分析を行なう．政治，経済，社会，技術，環境，競争の分野における状況変化が事業に与えると予想される影響を，すべてあげてみる．
2. 状況変化の影響を受けても，事業が軌道をはずれないようにするためには何をなすべきか，予想されるすべての場面について，とりうる最大限の対応策を準備する．
3. 業界内の変化，顧客ニーズに見られる新しい傾向などを分析し，列挙する．
4. これらをまとめて，事業計画書の「PESTEC 分析」の項に充当する．

第14週

今週の標語
最初の顧客に誰がなる？

第15週：収益予想と損益分岐点

> 今週の要点
> 1. イギリスでは消費税（VAT）登録会社になるか，ならないかを選択できる．どちらにするかを決める．
> 2. 販売価格をどう設定するか，いくらに設定するかを決める．
> 3. 予想損益計算書を作成する．
> 4. 損益分岐点を算出する．
> 5. 会社形態がよいか，個人事業がよいかなど，事業形態の検討を始める．

事業計画書の作成はほぼ完成の段階に入りました．あとやらなければならないことは，あなたの事業計画を数字で表現すること，すなわち，あなたが計画している事業は，どんな収入，支出，利益を生み出すのか，資金の流れはどうなるのか，それらを予測することです．つまり財務予測です．でもその前に，決めなければならないことがあります．

消費税（VAT）登録するか？

あなたの事業の売上げが，年間5万8,000ポンド（約1,200万円）を越えると見込まれる時は，その年にVAT登録をする必要があります．ただし，営業開始当初から登録しておいた方が簡単な場合もあります．

VAT登録は，登録義務者に該当しなくとも行なうことができます．登録の利点は，事業のために調達した物品にかかるVATの還付を受

けられることです．開業前後の時期は，購入するものが多い（機械設備，営業用車両，原材料在庫など．購入価格は VAT 込み）一方で，一般的には売上げが上がりません．VAT 登録してあれば，こうした事例が，VAT 還付の対象となりうるのです．あわせて VAT 登録は，規模の大きい，しっかりした事業という印象を与え，企業相手の取引には有利です．

VAT 登録をするかどうかの結論は，急ぐ必要はありません．税当局から取り寄せた資料や，会計士の意見を参考にして決めましょう．一般論としては，企業相手の事業の場合は最初から登録し（そうするとあなたの顧客企業は還付請求ができます），一般消費者相手の場合には，登録義務が生じてから行なうのがよいといえます（登録すると消費者向け販売価格は VAT 込みになり，大幅に上がります）．

本書では，小規模の事業を立ち上げることを想定していますので，今のところ，エマとアランと同様に，VAT 登録はしないことを前提に話を進めます．今後行なう財務予測も同じ前提に立っていますが，あなたが VAT 登録するつもりであれば，先へ行ってから書類の書き方に触れます．VAT 込みの財務予測の方法も，著者のウェブサイトで指導します．契約した会計士に聞くのもよいと思います．

価格の設定

では，財務予測に戻りましょう．ここではまず，収益の予測を行ないます．そのためには，第 1 に，あなたは自社の製品，サービスをいくらで売るつもりなのかを決めなければなりません．次に販売量を予測し，両者の掛け算から売上予測を立てます．とりあえず，事業開始以降12か月間の予測を行なうこととしましょう．

販売量の予測もむずかしいですが，価格をどう設定するかを決めるのは，特にむずかしい作業です．何か科学的で明快な手法があるわけ

ではなく，さまざまな条件を幅広く比較検討しながら，最後は感覚的に決めることになるからです．

考慮すべき条件としては，以下のようなものがあげられます．

1. あなたの製品，サービスに対し，顧客は最高いくらまで出してくれるか？
2. 事業を成功させる仕組み（ビジネスモデル）として，低価格で勝負するモデルを取るか，あるいはこだわりを持った高級品を高価格で提供するモデルを取るか？
3. 製品の製造原価（サービスなら提供原価）はいくらか？
4. 競合相手はいくらで販売しているか？　あなたの戦略は「競合相手より安く」か，あるいは「競合相手より良いものを」か？
5. あなたの販売価格は，あなたが決めるのか，それとも調達先がすでに決めているか？　小売業の場合，店頭に並べる商品に，調達先であるメーカーの指定価格がすでに印刷されていることがある．小売業者は消費者に指定価格で販売することが期待されている．

販売価格は低ければ低いほど顧客の利益になると思われがちですが，必ずしもそうとはいえません．なぜなら，無理した価格設定のため半年で事業が破綻してしまい，取引を始めた顧客に迷惑がおよぶということもあるからです．価格は適切な水準に設定し，適切な利益を確保することが大切です．

もちろん，事業を始めた最初の年は，適切な価格水準を探るための試行錯誤が必要でしょう．ただし，この際忘れてはならないのは，一度低めに設定した販売価格はなかなか引き上げることができないということです．一方，引き下げるのは容易だということを考えれば，価格戦略としては，まず高めの販売価格で顧客の反応を試し，特別サー

ビスなどの名目で徐々に価格を下げながら，あるべき価格水準を探り当てるというのがよいと思われます．

　レーシング・グリーンの販売価格を決めるにあたり，エマとアランは次のような方針を定めました．まず，レーシング・グリーンの狙う市場は，昼食代に多めにお金をかける用意のある，高級志向，健康志向の顧客だということ，したがって価格はそれ相応の高めの価格にするということです．同時に，価格には末尾が99ペンスになるような端数をつけず，切りのよいすっきりした数字にすることに決めました．そのことが，ブランドとしての高級感を出すのに有効だと考えたのです．こうして，サラダについていえば，普通サイズ4ポンド（約800円），大6ポンド（約1,200円），中身の充実した特別サラダは8ポンド（約1,600円）という価格を決めたのです．顧客の好みでサラダの中身を決める方式も採用し，基本価格4ポンドに，好みのトッピング1品50ペンス（約100円）としました．その他，フレッシュジュース類は3ポンド（約600円），スープ2ポンド（約400円）という価格です．提供する商品の価格が高めの場合は，なるほど高いだけの価値があると顧客を納得させなければなりません．エマとアランは，調理にはもっとも新鮮で安全な材料を使い，盛り付けは豪華にすることで，顧客に高価格を納得してもらえるような販売を行なおうとしています．

販売量の予測
　売上高や利益といった，より詳細な財務数値の予測を行なうための前提として，あなたの製品やサービスはどのくらい売れるのか，販売量の予測が重要です．事業開始後12か月間は，月別に予測を行ないましょう．これは，営業当初は，精緻な販売量の予測によるきめ細かい事業運営が必要だからです．

売上高予測

売上高予測値の計算は,下記のような簡単な表を作って行ないます.

		月1	月2	月3	-	月12
製品A (ないしサ ービスA)	販売価格					
	販売量					
	売上高					
製品B (ないしサ ービスB)	販売価格					
	販売量					
	売上高					

販売価格は先ほど議論しました.あなたが決めた販売価格を,各製品ないしサービスごとに,各月分ずつ記入していきます.次に,販売量の欄に,実現可能と思われる製品の販売個数,またはサービスの販売量を,月ごとに記入します.販売量に書き込む数値は,あなたの予測の結果です.月単位の予測値を得るには,より現実味を持って把握できる1日あたりの販売量をまず予測し,それを月単位に換算するのがよいでしょう.最後に,販売価格×販売量で売上高を算出します.

エマの販売予測

エマはアランの協力を得て,次のような方法で販売予測を行ないました.2人は昼食時の休憩時間を使い,レーシング・グリーンの開店を予定している地区で,手分けして,まず1軒のサンドイッチ店の前に立ちました.先にエマが1時間,その後アランが引き継いで1時間,何かを買った客数を数えたのです.そして,同じことを,いくつかの店の前で繰り返しました.彼らは調査結果を持ち寄って,昼食を買いに訪れる人数はサンドイッチ店1軒あたり平均何人か,昼食の時間帯の中でも何時の客数が多いのかという観点から分析しました.結果は,

1日の来店客数は平均172人というものでした．この結果を踏まえ彼らが割り出したレーシング・グリーンへの来店客数の予想は，ざっと見積もって，開業1か月目が平均の20％，2か月目が30％，その後毎月10ポイントずつ増えて，9か月目あたりで他店の平均値を達成できるだろうというものでした．こうして，営業開始後最初の月については，1日あたりの来店客数を34.4人と見込み，1か月あたりを688人（営業日数を月20日として）と予測したのです．

次に，これを，何人がどの商品を買うかに分解しなければ販売予測にはなりません．エマとアランは，ほとんどの来店客が買うのは普通サイズのもの，値段の高い高級品の比率はかなり低い，ただし大部分の顧客は食べ物と一緒に飲み物も買うという前提条件で，商品ごとの販売予測を立てました．月ごとの予測値には，商品の季節性なども織り込みました．サラダ類は通常冬場の売上げが落ちること，ビジネスマンの夏季休暇が集中する8月は客数が少ないこと，クリスマスから年始の休日が重なる12月と1月は営業日数が少ないことなどを考慮したのです．ただしレーシング・グリーンは，暖かいサラダを提供することで冬場の売上げ減少を補おうという工夫を予定しており，この分は上乗せ要因として織り込みました．

予測はむずかしい

これまでの説明で気がついた読者も多いと思いますが，この段階で事業の収入や経費を予測することは大変むずかしく，率直に言って，いくつかの数値は適当に作っていくしかないのです．ただし，その場合でも，どうしてそういう数字を置いたか，理由はきちんとつくようにしなければなりません．

前にも述べたように，この本が想定している事業は，規模の小さな，あまり複雑でないものです．あなたが計画している事業がもっと大規

模で複雑なものである場合には，事業計画書の財務予測もより複雑になるでしょう．その場合は，本書とともに別の書籍もあわせて参考にすることをお勧めします．たとえば，第7週でも述べたリチャード・スタートレーの『決定版ビジネスプラン』はとても良い本です．著者も自分の事業計画書を書く時に利用しました．この本は（そのほかの推薦図書もそうですが），www.flyingstartups.com か近くの書店で購入できます．

予想損益計算書

では，予想損益計算書の作成を開始しましょう（もっとも，私たちは起業を志す人間なのですから，もっと前向きに，損益計算書を利益計算書と呼んで，目指すところをはっきり示す方がよいかもしれません）．

予想損益計算書においては，少なくとも初年度分は，月ごとの数値にまで分解してくわしく予測を行なうべきです．作成は手計算でも可能ですが，パソコンで，表計算用のソフトウェアを利用して行なうのが簡便でよいと思います．

あらかじめ計算基準について若干の注意を与えておきましょう．

売れた商品を売上げとして計上するのは，販売代金が入金された時点ではなく，販売行為が完了した時点だということは，正しく認識しておく必要があります．たとえば2月1日に顧客から電話で製品20個の注文を受け，売買が成立した場合，支払いは3月1日という条件だったとしても，損益計算書への売上高の計上は2月分として（正確には2月1日以降の，顧客宛請求書の発送がなされた日付で）行なわれるのです．

売上原価も，その代金が支払われた時点ではなく，発生した時点で計上されます．たとえば，3月2日付で原材料や商品を仕入れた場合，

あなたが代金を支払ったのが4月2日であったとしても、この取引は、3月分の取引として計上されます.

● 売上高

予想損益計算書は、まず予想売上高の計算から始まります. 先ほど販売価格と販売量を予想した時に、商品別の予想売上高が計算されました. この商品別売上高を合計し、予想総売上高を算出します.

● 売上原価

次は予想売上原価の計算です. 売上原価には以下のものが含まれます. いずれも消費税込みで計上します.

  ➢ 購入した部品や原材料のうち製造に使われたものの金額
  ➢ 仕入れた商品のうち販売されたものの金額
  ➢ サービス業であればサービスの提供のために費やされた物品などの金額
  ➢ 製造（あるいはサービス提供）のために直接使用した労働力への対価（すなわち賃金）

● 売上総利益（粗利益）

以上の記入が終われば、予想売上高から予想売上原価を差し引いた差額として、予想売上総利益（粗利益）が算出されます. ここで一言つけ加えると、著者の個人的意見では、この粗利益という用語は（銀行員も会計士もそう呼んでいますが）やや誤解を与えると思います. 粗利益からは、これからまだ多くの費用が控除されるのですから、この段階でこの数字に利益という名前をつけるのは尚早な感じがするのです. それに、粗利益はグロス・プロフィット、純利益はネット・プロフィットですが、このグロスとネットは、どっちがどっちだったか混同することが多いのです. 著者だけでなく、バージングループの総

帥，リチャード・ブランソンのような優れた起業家もそう言っているくらいです．著者は「売上げによる貢献額（コントリビューション）」と呼ぶのがよいと考えています．

● 販売費および一般管理費

次に，製品や商品の販売，サービスの提供を行なうために必要な経費と，業務を管理，運営するうえで発生するさまざまな経費とを予測します．これらは，損益計算書では「販売費および一般管理費」（販売管理費と略称）と呼ばれる項目です．販売管理費は，売上げがあろうとなかろうと，事業を継続している限り自動的に発生する費用です．事務所や店舗や工場の屋根が頭の上に存在するだけで発生する費用ともいえ，別名「オーバーヘッド・コスト」とも呼ばれます．

これに含まれる項目は多岐にわたりますが，主なものとしては次のような費用があります．家賃，水道光熱費，ごみ収集費，給与，社会保険，出張旅費，接待費，弁護士等顧問料，銀行関係諸手数料，文具代，郵送費用，パンフレット作成費用，保険料，広告費，電話等通信費，事務機器リース料，諸税などです．そのほかに必ず，細かな出費をまとめた雑費の項目が置かれます．いずれも消費税込みです．

● 減価償却費

ここで注意しなければならないのは，設備，備品類の取扱いです．製造設備，車両，そのほかの機械類で，購入額の大きなものについては，購入額を全額費用として購入した時点で計上するのではありません．設備類については毎年減価償却を実施することが義務づけられており，減価償却費だけがその年の費用として認識されるのです．機械設備は，生産過程で使用されることで摩滅し，年の経過とともに旧式化して，当初の価値を失っていきます．会計上は，年々失われていく

価値分だけがその年に発生した費用であると認識されるのであり,その価値喪失分を算出するのが減価償却という手続きなのです.使用できる年数(耐用年数)が4年の設備であれば,購入額の4分の1を,毎年の減価償却費とします.予想損益計算書では,月ごとの数値予測を行ないますので,年間の予想減価償却費も月あたりに換算する必要があります.減価償却費は,機械設備を保有することから発生する費用ということもできるでしょう.

以上,販売管理費と減価償却費の合計が「オーバーヘッド・コスト」になります.

● 営業利益

さあ,予想営業利益を算出するところまでやってきました.売上総利益から販売管理費と減価償却費を引き算しましょう.残額が営業利益であり,これは「ボトムライン」という呼び名でも知られています.

これで,最初の12か月間の予想損益計算書は作成完了です.では次に,少し違った観点から,この予想数値で本当に事業が成り立つものかどうかを点検してみましょう.

損益分岐点

事業運営には経費がかかります.経費には,売上げに応じて変動する変動費(売上原価がそれに該当します)と,売上げの大きさに関係なく発生する固定費(販売管理費および減価償却費がそれに該当します)があるのは,これまで見てきた通りです.

では,売上高がいくらであれば変動費と固定費を支払ってなお利益を生み出すことができるのでしょうか? 売上高がいくらに達しないと損失が生じるのでしょうか? この分かれ目となる点が「損益分岐点」と呼ばれます.つまり,損益分岐点は,売上高=変動費(売上原

価）＋固定費（販売管理費および減価償却費）となる点です．その売上高が「損益分岐点売上高」です．では，あなたの予想損益計算書に基づいて，あなたの損益分岐点売上高を算出してみましょう．

年間売上高：A
年間売上原価：B
年間販売管理費および減価償却費：C
年間粗利益：D＝A－B
粗利益率：D／A×100＝E

とすると，損益分岐点売上高は，C／E×100として計算されます．

損益分岐点を利用した事業計画の点検

損益分岐点を事業計画の点検に利用してみましょう．

あなたの予想売上高は，損益分岐点売上高を超えていますか？ もし分岐点売上高に達していないとすると，不足額はどのくらいですか？ 予想売上高が損益分岐点売上高に達しない場合の対応策は，一般論としては次のように3つほど考えられます．

1．年間売上高をもっと高めに予想する
2．年間売上原価をもっと少なく予想する
3．年間販売管理費をもっと少なく予想する

とはいえ，あなたの事業の場合，こうした修正を織り込むことは現実的で可能なことかというと，それはまた別問題です．十分検討することが必要です．

損益分岐点を利用した事業計画の点検には，損益分岐点を月ごとに予想して，月次の売上高が分岐点を超える状態を6か月連続達成できるか，それは何か月目かを確かめるという方法もあります．

どうしても損益分岐点を超えることがむずかしいと予想される場合は，ここで，あなたの設定したビジネスモデルをじっくりと考え直してみる必要があります．何か，販売を伸ばせない原因，価格を高く設定できない原因，事業運営に費用がかかりすぎる原因を抱えているはずです．それらの点は改善可能なのか，くわしく調べる必要があります．もし改善は不可能というのが結論なら，この事業計画は放棄し，何か別のビジネスアイディアを考えるべきでしょう．この場合，起業家への助言者であるメンターや会計士などを相談相手に，よく話し合ってみる必要があるでしょう．

　たとえ損益分岐点に到達することが可能だとしても，長い時間がかかる（たとえば開業1年目には到達できず，2年目までかかる）見込みだとしましょう．この場合も，事業に何らかの問題があるということを示しています．メンターや会計士との話し合いが必要だと思います．ただしそれも事業の内容次第，もしも，まったく新しい製品やサービスを生み出そうとしている場合であれば，消費者の反応を確認し，消費者を教育し，市場を育成する必要があるわけですから，かなりの時間がかかるのは当然と考えなければなりません．

　損益分岐点に到達するのが遅れる事業の場合は，必要資金が増加しますので，その分，資金調達をどうするかという問題が発生します．これは次週の課題です．

　損益分岐点売上高を，6か月以内という比較的短期間で達成できそうであれば，それは順調な立ち上がりといえます．この場合には，さらに進んで，事業の管理，運営にも損益分岐点を利用しましょう．年間の損益分岐点売上高を12で割れば，毎月の平均的な損益分岐点売上高を算出できます．これは，毎月の平均費用をまかなうために最低限必要な毎月の売上高であり，これを指標にして事業を運営していくの

も良い方法です．とりわけ，外部資金を取り入れようとする場合には，銀行や投資家に対し，きめ細かく経営管理を行なっていることを示す手段として有効だと思います．

会社か個人か—事業形態の選択

　起業するにあたり，事業の形態を決める必要があります．あなただけの個人事業形態とするか，数人の共同事業とするか，会社を組織するか，選択肢は3つあります．

　個人事業も共同事業も，立ち上げるのはきわめて簡単です．ただし，著者としては，共同事業の場合は，参加する人たちの間で契約を交わし，法的形態を備えたパートナーシップないし組合とすることを強く勧めます．契約により，各人の出資額，出資分を撤収する方法，参加者間の紛争の解決方法，参加者が脱退または死亡した時の処置などを明示しておくのです．パートナーシップ契約の見本は，市販の書籍やインターネットで見つけることができます．それらを利用して原案を作り，最終的には弁護士に目を通してもらうのがよいでしょう．

　個人事業の場合も，共同事業の場合も，事業を行なっているのは，あなたを含めあくまで個人です．事業用に，個人用とは別の銀行口座を作ることと思いますが，それでも法律上は，事業はあくまでもあなた個人の人格と一体であり，事業で生じた債務はあなた個人の債務，事業に関して係争が生じた時は，相手はあなた個人を訴えます．そして，事業の収入は個人の収入，税金はあなた自身にかかってきます（共同事業が，パートナーシップや組合として法人格を認められた場合は別です）．

　こうした事業形態の良いところは，簡単に作れるということです．しかし，ひとりで起業する場合はともかく，何人かの共同事業を目論んでいる場合は，会社形態の方を著者は推奨します．共同事業は，と

かく内部に議論が多く，強引に物事を進めようとする参加者が出たりして，何かとごたごたを生みやすい，利点の少ない形態だと思います．

お奨めは会社形態です．ここでは，その利点を2つあげておきましょう．

1. まず会社であれば，それ自体が法律上の人格を認められた存在であり，あなた個人とは切り離されたものです．会社の債務，会社への訴訟，会社の法的責任は，会社が処理するものであり，通常，あなた個人に影響が及ぶことはありません．会社の事業が破綻しても，あなたが家を失うことはないのです（経営の失敗により会社に与えた損失の責任を問われることはあります）．
2. 会社形態の事業には，信頼性が高いと評価されがちという利点があります．B to B，すなわち取引相手が企業の場合は特に，あるいは消費者が相手のB to Cでも大規模に事業展開しようとする場合には，会社形態，とりわけ株式会社形態を取ることで，あなたの事業が，安定した，成功している事業に見えるのです．

会社形態で事業経営を行なう場合には，利点と同時に各種の義務も生じます．会社を設立した時点での設立登記（イギリスでは登記受付機関はカンパニーハウスと呼ばれる），住所，役員，資本金など（場合によっては株主も）に変更が生じた場合の変更登記，税務当局への申請（場合によっては年次財務報告書の提出も）などが必要になるのです．このほかにも，申請，報告類の提出が求められる場合がありますが，いずれにせよ，書類作成の負担は通常そんなに大変ではありませんし，大体，会計士に依頼すればすむものと考えてよいでしょう．

ちなみに，著者が起業する場合は，いつも株式会社形態をとります．本書でも，それを前提に説明を進めますので，個人事業形態をとるつ

もりで，登記や株式などを必要としない読者は，関係のない個所を省略して読み進めてください．

まだ急ぐことはありません．起業するにあたり，事業の形態を決める必要があるのはもちろんですが，メンターや会計士ともよく相談してからでも遅くありません．これから，第18週には，あなたの事業計画書を投資家などに配布する時がやってきます．事業形態はその時までに決めればよいでしょう．

起業家の言葉
★「私は，ウェブクレディブル創業時には初めから株式会社形態をとった．当時は，会社は社長だけのひとり会社だったし，経費も売上原価もかからないコンサルタント事業だったので，会社にする必要もなかったのだが，相手企業で一定以上の地位にいる人の中には，株式会社でなければ取引しないと決めている人も多かったので，そうすることにした．確かに株式会社には，本格的に事業をやっているプロだと見せる効果があり，信用も得やすかった．それに，事業が成長したあとで株式会社に切り替えるという手間をかけたくなかった．」(トレントン・モス……ウェブサイト設計コンサルタント会社「ウェブクレディブル」創業者)

今週の活動一覧
1．消費税（VAT）登録をするかどうか決める
2．あなたの製品やサービスの価格を決める
3．販売量，売上高を予測する
4．利益を予測する

5．損益分岐点を算出する．損益分岐点を利用して事業計画を点検してみる
6．事業形態の検討を始める

連絡先

- カンパニーハウス（Companies House）: www.companieshouse.co.uk　電話：0870-333-3636）株式会社を設立する際の留意点，法的責任などについて，有益な指導が受けられる．
- York Place Company Sevices: www.yorkplace.co.uk　このサイトから，The Basics of the Limited Company という，わかりやすく役に立つ小冊子をダウンロードできる．

役立つ情報源

Anthony Rice, *Accounts Demystified*. （Prentice Hall Business）

事業の財務予測に関する，もっともわかりやすい解説書．数字が得意でない読者に最適．事業が拡大し始め，より詳細な財務報告書が求められる段階には特に便利．

今週の重要用語

「損益分岐点」：売上げと費用が一致する点．すなわち，それ以上の売上げがあれば利益が生じ，以下では損失が生じる点．

「消費税（VAT）」：正式には付加価値税．事業を行なう者が顧客から徴収し，国庫に納付する税金．イギリスでの通常税率は17.5％．納税時期は毎四半期末．あなたの事業が物品を購入する際にも VAT を支払っているが，これは，あなたが顧客から徴収して納税する分から差し引くことにより，返還される．結果として，あなたの事業が支払

うVATの税額は、販売額（たとえば、あなたの製品の売上額）と購入額（たとえば、仕入れた原材料などの額）との差額部分に課せられたものになる．このように、あなたの事業活動により付加された価値が課税対象となっていることから、この税は付加価値税（Value Added Tax = VAT）と呼ばれる．これを売上税、消費税と称する国もある．

今週の標語
最初の顧客に誰がなる？

第16週:キャッシュフローを予測する

今週の要点
1. 現金の受け取りと支払い(キャッシュフロー)を予測する.
2. 資金需要を予測する.
3. 必要な資金の調達方法を考える.

これまでの予測によって,いつから,どのくらい,あなたの事業は利益を生み出すことができるかをつかんだことと思います.問題はその先です.もちろん利益が上がるか否かは重要なことです.しかし,実は,あなたの事業に関する予測の中でもっと決定的に重要なことがあるのです.それは,経営する事業に入ってくる現金と,そこから出ていく現金,すなわちキャッシュフローの額を予測し,それをうまく制御することです.

事業にとっての現金は,人間にとっての食べ物にたとえられます.ちょっと落ち着いて,あなたの今後1年間の食料事情を想像してみましょう.その結果,1年分を合計すると,入手できる食料の方が実際に食べられる量よりずっと多く,次の年に繰り越せる余裕も生まれそうだということがわかったとしましょう.問題はなさそうですね.しかし,もし,1年分の合計値ではわからない秘密の事実が隠されていたらどうでしょう.最初の11か月間は,来る月も来る月も手に入るのは一袋のポテトチップスだけ,そして,最後の12か月目には,山のような食料を積んだトラックがあなたの玄関先に横付けされるのだとしたら.これでも,最後の月まで生き延びて,ご馳走を楽しめると思い

ますか？

　現金と食料という違いはありますが，生存の要件は，事業も人間と同じなのです．ある一時期資金が枯渇したら，たとえ，そのあとしばらくして大量の資金を獲得できたとしても，その時にはもう事業は死んでいるでしょう．いくら大量の現金でも，入るのが数か月後ではまったく意味がない，という事態がありうるのです．資金のやりくりができなくて，本来すばらしいはずの事業が苦境に陥る．多くの起業家が経験することとはいえ，自分の事業のそんな姿を見るのはつらいことです（もちろん，それを機会に自分を奮い立たせ，2度と同じ失敗をしないよう肝に銘じて，最後は事業を成功に導く，立派な起業家も少なくありません）．

キャッシュフローの予測

　キャッシュフロー表の形式は，損益計算書と似ています．違うのは，すべての事業活動を現金の動きに合わせて記録するという点です．たとえば，損益計算書では，販売がなされた時（商品が引き渡され，代金請求が行なわれた時）に売上げを記録しますが，キャッシュフロー表では，相手から現金が支払われた時点，または相手からの小切手や売掛金が現金化した時点で入金を記録します．ですから，今月分として記録された売上げが，キャッシュフローの計算上では来月の入金になるということが起こるのです．

　キャッシュフロー表に第1番目の項目として記載されるのは「現金収入」です．内訳として，現金売上，売掛金回収，前受金などが記入されます．

　第2番目の項目は「現金支出」です．現金支出としては，まず原材料，商品などの仕入額，および人件費などのさまざまな経費があります．このうち，その月に現金で支払われた金額が記録されます．次い

で資本支出額が記載されます．機械，業務用車両，そのほか事業を継続するうえで不可欠の設備，備品類の購入額のうち，その月に現金で支出した金額すべてが含まれます．キャッシュフロー表には減価償却のような手続きはありません．そこが損益計算書と違うところです．

キャッシュフロー予測表

	月1	月2	月3	−	月12
① 現　金　収　入 　　　現　金　売　上 　　　売　掛　金　回　収 　　　前　　受　　金 　　　そ　の　他　収　入					
② 現　金　支　出 　　　原材料・商品仕入代 　　　賃　金　・　給　与 　　　社　会　保　険　・　税 　　　家　賃　・　光　熱　費 　　　そ　の　他　経　費 　　　資　本　支　出					
③ 現金過不足額（①−②）					
④ 前月からの繰越現金 　　　手　許　現　金 　　　銀　行　預　金					
⑤ 翌月への繰越現金（③＋④）					

〔訳注：この表は，本文の説明をもとに，訳者が作成，挿入したものです．〕

「現金収入」と「現金支出」の差額が，3番目の項目「現金過不足額」です．表の下から3行目が記入欄です．キャッシュフロー表には，「前月からの繰越現金」という項目があり（営業開始の最初の月はもちろんゼロです），これが4番目の項目，記入場所は表の下から2行

目です．そして，これに当月の「現金過不足額」を加えた額が，5番目の項目「翌月への繰越現金」として，表の最終行に記録されます．

予想されるキャッシュフローと対応策

さて，あなたの事業の予想キャッシュフローはどんな姿をしていますか？

まず，最初の月からまったくマイナスのキャッシュフローがない，つまり，いつも収入が支出を上回るという予測値が得られたとしましょう．これは奇跡的なことです．もう一度予測をやり直し，誤りがないか点検すべきです．会計士やメンターにも見てもらうのがよいと思います．それでも予測値は正しいという結論なら，お祝いしましょう．あなたはピカピカの優良事業を始めたということですから．

次に，あなたのキャッシュフローは，最初の6か月のうち何か月かマイナスになる月もあると予測されたとしましょう．これは大いにありうる事態です．

問題は，キャッシュフローが最悪の月のマイナス幅がどのくらい大きいかということです．キャッシュフローのマイナスは，その金額だけ資金を調達し，事業に注入する必要があるということを意味しますから，もしそれが調達できないほど大きい，泣きたくなるような数字であった場合には，そこをどう乗り切るか，会計士，メンターほか，外部の人に相談する必要があります．

またもし，予測期間中のキャッシュフローが，毎月すべてマイナスと見込まれるような場合には，ビジネスモデル自体を見直し，あわせて，売上計画の変更，費用全般の見直しなど，根本的に計画の修正を図るべきです．ここでも外部の専門家の助言を求めることが重要です．

以上，キャッシュフローにはいろいろな姿が予想され，それぞれに早めの対応が必要です．ただし，前週も触れたように，あなたの事業

の性格が,今まで市場に存在しなかったような革新的な製品やサービスを生み出すものである場合は,収益はなかなか上がらず,キャッシュフローもなかなかプラスになりにくいものであり,長期的観点で見ていかざるをえません.とはいえ,キャッシュフローのマイナスによる資金不足分は,何らかの方法で確実に調達し,埋めなくてはならず,それができないと思われる場合は,長期的には有望な事業といえども起業すべきではありません.

必要資金の調達

事業に対し必要な資金を注入し続けるためには,あなたの手許資金では足りない部分を外部から調達してこなくてはなりませんね.どの月にも資金不足が生じないようにするためには,調達金額は,毎月のキャッシュフローのうち最大の資金不足金額をも埋めることができる額でなければなりません.実際には,必要金額をやや上回る額を調達するのが,安全性の観点から見て賢明なやり方だと思います.

では,資金はどこから調達できるのか.以下に9つの代表的な資金供給源を掲げました.もちろん,これらはいくつか組み合わせて利用することができます.

1. 顧 客

    ほとんどの起業家が見過ごしてしまうのが,あなたの製品やサービスを買ってくれる顧客から前払いを受けて資金をまかなう方法です.これは,新事業の立ち上げには,実は一番ぴったりの方法です.顧客はあなたの製品やサービスを必要としているのですから,代金を前払いしてくれる可能性があるはずです.起業家の魅力を発揮して,相手を説得してみることです.

2．起業家自身

　事業に資金不足が生じた場合は，やはり，ある程度は自己資金を投入しなければならないでしょう．起業当初の資金以外に，多少自己資金の余裕を持っている必要があります．

3．家族，友人

　投資の形か，低金利ないし無利子の借入れか，形態はさまざまですが，身近な人に頼らざるを得ない場合があります．あなたの場合，家族や友人は力になってくれそうですか？

4．リース，ファクタリング

　事業に必要な設備，車両その他の資産を購入して所有するよりも，リースした方がよい場合があります．非常に高価だったり，すぐ旧式になってしまう場合です．リースに似た，ハイヤー・パーチェイスと呼ばれる分割払いの購入方法もありますので，設備メーカーかリース会社に直接申し込むか，取引銀行に斡旋してもらいます．リースを利用するということは，設備などの購入代金を長期間にわたって少しずつ支払うというのと同じですから，一括払いで購入するのと違い，起業当初の貴重な手許資金を急激に減らさないですむ，キャッシュフロー上の余裕が生まれるという利点があります．（なお，損益計算上では，支払リース料は販売管理費として処理されます．リースを利用すると減価償却費は発生しません）．

　資金が必要な場合は，売掛債権を現金化するという方法をとることもできます．販売から代金受取りまでの間，あなたは顧客に対して売掛債権を持つわけですが，この未回収の売掛債権を買い取って現金化してくれる（これをファクタリングといいます）金融会社があります．金利は高いですが，資金を調達する方法として有効であ

り，代金取立てに走り回る労力からは解放されます．利用を検討する場合は，専門家の意見を聞きましょう．

5．銀行（当座貸越）

　ほとんどの起業家にとって，当座貸越は，資金が必要な場合にまず検討する，よく知られた借入方法ですが，必ずしも最善の方法とはいえません．もしもあなたの事業の資金需要が小額で，必要な期間も短期間だという場合であれば，借りて返し，また借りて返すという形で，当座貸越を利用するのがよいでしょう．しかし，たとえば半年も借りっぱなしになると見込まれるならば，当座貸越は大変高くつきます．

6．銀行（貸付）

　銀行貸付も，起業段階で利用しようとする人の多い資金調達手段です．しかし，銀行貸付の利用は，始まったばかりの事業に借金という荷物を背負わせてよいのか，投資という形で資金を提供してくれる個人投資家（エンジェル投資家と呼ばれます）や，家族や，友人はいないのか，十分検討してからにすべきでしょう．

　投資を受けるより，どうしても借入れがよいという考えの人は，もちろんそうしても構いませんが，創業資金を借り入れるとなると，いろいろ難問もあることは承知しておくべきでしょう．まず銀行は，あなたの会社に貸付けるにあたり，あなたの個人保証を要求します．家などの担保や家族の保証が要求されることもしばしばです．これは，事業のために個人生活の安定を脅かすことにつながりかねず，著者としては，非常に危険だと言わざるをえません．担保がない場合には，公的な信用保証機関からの保証を受けられる制度がどの国にもあるはずですが，通常，銀行は積極的には教えてくれませんの

で，専門家にたずねてみるのがよいと思います．

7．特別融資

ほかに資金調達の方法がない起業家，一定の年齢より若い起業家などを対象にした，起業支援のための特別融資制度がある場合があります．関連するウェブサイトをよく調べるべきです．イギリスでは「プリンストラスト制度」などがそれにあたります．いずれも低金利ないし無利子の資金が調達できます．

8．補助金

返済を必要としない補助金を得られる制度も，よく調べるといろいろあるものです．ただし，申請は事業開始前に限るという条件付きが多いので，なるべく早めに規定を調査することが必要です．補助金がなかったらとても買えなかったような設備を，補助金が出たおかげで買え，事業がうまくいったというような事例こそ，この種の資金の真の役割を示すものです．すでに立ち上がっている事業を対象としたのでは，こうした効果がはっきり見えない，このことが，補助金申請が事業開始前に限られる理由かもしれません．

9．エンジェル投資家

エンジェル投資家（エンジェルと略称されることが多い）とは，新規の起業計画や，創業直後の事業に個人の投資資金の一部を振り向けようとする人で，ほとんどが富裕な個人です．こうした投資を行なうのは，危険が大きいことは承知しつつ，大きな成果を狙いたいというのがその動機ですが，一部には，投資する事業の業界に特に強い個人的関心を持っている，ベンチャービジネスを育成することに情熱を持っているという人たちもいます．

投資の対価としてまずエンジェルが求めるのは，投資する会社の株式です（いくらの投資に何株出すかは交渉次第です）．取締役の地位を要求する場合もあります．ですから，もしあなたがエンジェルの投資を受けるか否かを考えているとしたら，判断の基準としてもっとも重要な点は，ただひとつ，あなたはその人物を信頼でき，その人物が事業に関わることを受け入れられるかどうかです．エンジェルとの接触を望む場合は，エンジェルの各種団体（イギリスでは「ビジネスエンジェル・ネットワーク」など）や公的機関が仲介役を果たしてくれるはずです．

　以上，9つの代表的な資金供給源について検討してきました．個々の事業の財務状況によって，望ましい資金源の組み合わせは異なります．適切と思われる資金源をよく分析し，業態ごとにいくつかの機関に打診してみるのがよいでしょう．

　なお，ここで，銀行借入れに関する注意事項をあげておきます．銀行が通常行なうのはいわゆる「マッチングローン」です．これは「同額融資」などとも呼ばれ，起業家が今から新規に拠出しようとしている額にマッチする（見合う）額までしか融資しないということです（リースなどによる調達額を含めることもあります．また，創業者が事業から受け取る給与が相場に比べかなり低い場合には，その差額を，創業者個人から事業への拠出とみなす銀行もあります）．いずれにせよ，足りない資金を借りようとすると同額の自己資金を投入する必要が出てくる，事業開始の時にいくら投入したかは考慮されないという問題が銀行借入れにはあります．

　また，銀行は雨の日には傘を貸さないということも覚えておくべきです．ですから，たとえあなたの予測キャッシュフロー表がマイナスを示していなくても，銀行借入れは資金繰りが健全なうちに申し込ん

でおくべきです．いや，今はいりません，5，6か月後で結構ですなどと銀行に言おうものなら，相手は，今のうちに資金の準備をしておかないと必ず落とし穴に落ちますよと態度を硬化させ，いざという時には断わってくるでしょう．頼りにならない資金提供者はあてにしないのが一番だと思います．

資金調達とキャッシュフロー

最後に，もう一度予想キャッシュフロー表に立ち返りましょう．今まで検討してきた資金調達のどれを使えばどんな利点があるか，事業をうまく回転させるうえで好都合な方法はどれかを確かめます．

なお，資金調達方法によっては，キャッシュフロー表に変更を必要とする場合があります．たとえば以下のような場合です．

1. 表の内容に変更を必要とするのは，リースや分割払い購入（ハイヤーパーチェイス）を利用した場合です．購入からリースに切り替えた設備の金額分だけ現金支出が減少し，代りにリース料が現金支出として発生します．（なお，損益計算にも影響があり，減価償却費の計上が不要となる代りに，支払リース料が販売管理費として発生します．）

2. キャッシュフロー表の様式に変更を必要とするのは，以下のような場合です．
まず借入れを行なう場合です．前に見たように，キャッシュフロー表では，1番目の項目として「現金収入」が，2番目の項目として「現金支出」がきます．そして，これらの差額「現金過不足額」が3番目の項目です．しかし，もしも銀行借入れ，当座貸越，特別融資制度などを使う予定なら，予想キャッシュフロー表

は少し複雑になります．2番目と3番目の間に，「財務活動によるキャッシュフロー」という項目が加わるからです．ここには収入として借入額が，支出として借入返済額と支払金利が記録されます．「財務活動によるキャッシュフロー」は，当然「現金過不足額」に影響を与えます．

何らかの形の借入れを利用すれば，影響は損益計算書にも出てきます．「支払金利」という費用項目を立てる必要が生じるからです．先週は，損益の予想を営業利益の算出までで終えましたが，損益計算書では支払金利は「営業利益」の下欄に記載され，営業利益から支払金利を差し引いた残額として「当期純利益」を導き出す構造をとります．

当座貸越は，銀行が認めた一定の金額内で，短期の借入れ，返済を繰り返す資金調達方法ですが，当座貸越を利用する計画がある場合には，希望する貸越枠を予想キャッシュフロー表の末尾に記載するとよいと思います．当座貸越枠が事業の見通しからみて適切か否かは，あなたの事業計画書の読者にとって，その良し悪しを判断する重要な情報のひとつになります．

3．増資によって資金調達を行なう予定の場合にも，予想キャッシュフロー表に「財務活動によるキャッシュフロー」という項目を加える必要があります．ここには増資予定月の収入として，手取り予想金額を記入します．増資の場合は損益計算書への影響はありません．

4．補助金も「財務活動によるキャッシュフロー」の項目に記入されます．受け取った補助金は，損益計算書には利益として計上する場合が多いと思いますが，会計基準をよく専門家と相談するの

がよいでしょう．

キャッシュフロー予測表（財務活動がある場合）

	月1	月2	月3	—	月12
① 現 金 収 入 　　現 金 売 上 　　売 掛 金 回 収 　　前 受 金 　　その他収入					
② 現 金 支 出 　　商品・原材料仕入代 　　賃 金 ・ 給 与 　　社 会 保 険 ・ 税 　　家 賃 ・ 光 熱 費 　　その他経費 　　資 本 支 出					
③ 財務活動によるキャッシュフロー 　　収入：借 入 額 　　　　　増　　資 　　　　　補 助 金 　　支出：返 済 額 　　　　　支 払 金 利					
④ 現金過不足額（①－②＋③）					
⑤ 前月からの繰越現金 　　手 許 現 金 　　銀 行 預 金					
⑥ 翌月への繰越現金（④＋⑤）					
希望する当座貸越枠					

〔訳注：この表は，本文の説明をもとに，訳者が作成，挿入したものです．〕

さあ，これであなたの事業計画書の重要部分，すなわち，適切な資

金調達計画を織り込んだ予想損益計算書と予想キャッシュフロー表が完成しました．大変な作業だったと思いますが，何はともあれここまで来ました．ちょっとビールでも飲みに出かけて，完成を祝いましょう．

さてエマとアランの資金繰りは？

エマとアランの必要資金を見てみましょう．2人の予想では，店舗開設資金とサンドイッチ販売事業の運転資金，それに多少の予備費を含めて，必要資金額は2万ポンド（約400万円）という結論になりました．そこで2人は，この必要資金を次のような方法で調達することにしたのです．

まず，陳列棚，冷蔵庫，調理台，そのほか主な器具類，合計5,000ポンド（約100万円）分を，すべてリースで調達します．加えて，エマとアランの個人出資が各2,500ポンド（約50万円）で計5,000ポンド（この個人出資分を，アランはこれまでの貯蓄で十分まかなえましたが，エマは家族から借りました．金利なし，4年分割返済という条件でした），これで合計1万ポンド（約200万円）になります．

あと1万ポンドの必要資金を調達するため，エマとアランは銀行借入れを申し込むことにしました．1万ポンド分の資金のめどを立てたので，マッチングローン，すなわち同額融資の仕組みで残りの1万ポンドを貸してほしいという申し入れです．会計士とも相談し，ビジネスアイディアが優れていること，助言者，すなわちメンターとして立派な人物がついてくれたこと，起業への2人の熱意が高いこと，個人的にかなりの負担となる資金額をこの事業に賭けていることなどの諸点を，銀行が好意的に受けとめてくれるはずだと判断したのです．ただし，エマにもアランにも持ち家などの担保物件はなく，公的な信用保証制度の利用を申請することに決めました．

起業家の言葉

★ リズ・ジャクソンは1998年にテレフォン・マーケティングの会社「グレートガン・マーケティング」を立ち上げた．現在の年商は200万ポンド（約4億円），従業員30人を擁し，なお素晴らしい勢いで成長している．

「銀行に借入れを断られた時，プリンストラスト制度を利用しようと考え，事業計画書を説明にいったところ，1,000ポンド（約20万円）の補助金と，4,000ポンド（約80万円）の貸付を与えてくれた．おかげで，家具，ファックス，パソコン，電話など，すべて中古品ではあったが，必要な備品類を揃えることができた．事業を起こすにあたっての最大の試練は，まず資金を調達すること，次に資金さえあれば立派な事業ができる人間だと，周囲の人々に納得してもらうことだった．」

★ クリフ・スタンフォードは1990年代初めにインターネット・サービスプロバイダー「デーモン・インターネット」を設立し，のちに3千万ポンド（約60億円）で売却した経験を持つ．

「1991年頃のイギリスでは，多くの人々が，インターネットの接続料金は安くならないものと思っていた．そんな意見がパソコン通信の掲示板に多く見られた．しかし私は，もし利用者が集まってインターネットへの共同アクセスの仕組みを作ったら，そしてそれが200人ほどの集団になったら，ひとり当たりの利用料は月額10ポンド，年間120ポンド（約2万4,000円）で済むはずだと主張した．このアイディアは，多くの掲示板利用者の支持を得て，事業化の要望もあった．しかし，会社として運営するには2

> 万ポンド（約400万円）が必要であり，本当に需要があるのかを確認する必要があると考え，私はそういう趣旨のことを掲示板に書いた．そうすると，何と約150人の人達から，それも，私の意見を掲示板で見ただけで，個人的には私をまったく知らない150人の人達から，120ポンドずつ小切手が送られてきたのだ．需要は本当にあったのだ．」

今週の活動一覧

1．予想キャッシュフロー表を作成する．
2．あなたの事業にどんな資金需要が発生するかを予測する．
3．適切な資金調達方法を検討し，決定する．
4．実際に資金調達の可能性はあるのか，利用したい資金供給者ごとに調査する．必要ならば供給可能な金額や資金コストを打診してみる．
5．資金調達による影響を，予想キャッシュフロー表と予想損益計算書の双方に反映させる．

連絡先

プリンストラスト制度（The Prince's Trust: www.princes-trust.org.uk）若い人々の起業活動を援助する重要な制度．

役立つ情報源

① www.j4b.co.uk　補助金と特別融資の情報を検索できる．
② www.grantfinder.co.uk　これも補助金情報を検索できる．
③ www.bestmatch.co.uk　ビジネスエンジェル・ネットワーク

(National Business Angels Network) のウェブサイト．

④ www.venturesite.co.uk　これもビジネスエンジェルのウェブサイトである．

⑤ www.businesslink.org.uk/sflgs　小規模企業信用保証制度 (Small Firm Loan Guarantee scheme) の情報が入手できる．

⑥ www.inlandrevenue.gov.uk　企業投資制度 (Enterprise Investment Scheme) 関係の情報検索サイト．

⑦ www.eisa.org.uk　企業投資制度 (Enterprise Investment Scheme) の要点がわかる．

今週の標語
最初の顧客に誰がなる？

第17週：事業計画書の完成

> **今週の要点**
> 1．これまで作ってきた分野ごとのまとめ，レポート，計画などを統合し，全体としてひとつの事業計画書に仕上げる．
> 2．事業計画書の導入部として，「事業計画の要約（エグゼクティブ・サマリー）」を作成する．
> 3．指導を受けているメンターや会計士，友人などに計画書を送付する．

　第7週から先週までの10週間で，新しい事業をどう立ち上げるかを決め，どんな姿の事業になるかを予測する作業はすべて終わりました．あとは，でき上がった調査や計画，予測値をひとまとめにして，ひとつの書類に結実させるだけ，それが今週の仕事です．その書類こそ事業計画書と呼ばれるものです．

　でき上がった事業計画書に目を通した感じはどうですか？　きっと手直ししたい部分があるでしょう．週を追って作業が進めば進むほど，何か新たに学習したものが身についてきたでしょうから，以前に作ったいくつかの項目を，全面的に書き換えたくなるということは大いにありうることです．でも，うろたえる必要はありません．皆，そうなのです．今週の作業量はごく少なくしてありますので，十分時間を取って，じっくりと必要な修正を行なってください．

　事業計画書には，各章間のつながりと全体としての流れが重要です．あなたの事業計画書は，読みやすく，構成がきちんとしていますか．

仕上げの美しさなどより，簡潔，明瞭であることを心がけなくてはなりません．もう一度自分の事業計画書を，今度はそれを第三者，たとえば審査する銀行の担当者になったつもりで，全部読み返してみましょう．つまり，自分が起業しようとする事業のことは，目の前の計画書に書かれたこと以外まったく知らないものとして読んでみるのです．そして，以下のような点に問題がないかを点検してください．

1. 事業計画書を読めば，何をする事業なのかが理解できるか？
2. この事業が，競合相手が経営する同種の事業より優れている理由は明確か？
3. この事業が提供する製品ないしサービスは，人々に代金を払って買う気を起こさせるものか？
4. 誰が，まず最初の顧客になるのか？
5. 経営者は，業界と顧客動向を熟知しているか？
6. 今後発生しうる事業の問題点を把握しているか？　対応策の用意はあるか？
7. 必要な外部資金はいくらか？　その調達方法は何か？
8. 利益を確保し，事業を維持することが財務的に可能か？
9. 現在の手許資金と今後調達できそうな資金とで，事業を維持していくための現金を確保できるか？

これらの質問の中には，はっきりと答えられないものもあるでしょう．そんな場合，あなたは，もっと良い計画にしなければと思うに違いありません．第三者的な目をもって問題点を精査する意味はそこにあるのです．

「事業計画の要約」，別名「エグゼクティブ・サマリー」

　事業計画書の修正が終わり，満足できるものができたとしましょう．次にやることは事業計画の要約（エグゼクティブ・サマリー）を書くことです．これは計画書の要点をすべて網羅し，かつ1ページに納まる長さにまとめたものです．やむを得ず2ページになることもあるでしょうが，あくまでも1ページが望ましいですね．

　事業計画の要約は，事業計画書の各項目を追いながら，1項目について1つの短い段落に要約したものです．末尾には，財務資料の要約として以下のような事項を記載します．

- 予想される損益分岐点，およびそれを達成すると見込まれる時期（何か月目，何年目）
- 初年度の予想年間売上高
- 初年度の予想年間利益（または損失）額
- 創業に必要な資金額とその調達方法（出資者別出資額，銀行借入れ，その他の借入れ，補助金）
- 当座貸越による短期資金調達額（貸越枠，最大利用予想額とその発生時期）

　増資または株式売却の計画があれば，発行または売却予定の株数，予定単価も記載します．

友人などの反応を見る

　ここまで来れば事業計画書は完成です．誰に見せてもよいものに仕上がっていることでしょう．しかし，いきなり銀行や投資家などの資金提供者に送るのは考えものです．念には念を入れて，まずは相談相手であるメンターや会計士，信頼できる友人や同僚数人に見てもらう

のがよいと思います．今週中に送付しておき，来週末までに反応を聞かせてくれるよう依頼しましょう．

> **起業家の言葉**
> ★ 私の場合，起業資金を誰か外部の人に頼る必要はなかったが，それでも事業計画書はきちんと作成した．周囲の誰もが，事業計画書は起業家自身のために必要なもので，目標に焦点を絞りながら事業の舵取りをしていくうえで必ず役に立つと言ってくれたからだ．私が誰かに助言する立場になっても，やはり同じことを言うだろう．（トレントン・モス……「ウェブクレディブル」創業者）

今週の活動一覧

1．これまで何週間もかけて作ってきた事業計画書の各部分を，1冊の書類として統合し，事業計画書として完成させる．
2．事業計画書を冷静に読み直す．
3．修正が必要な個所を書き直す．
4．もう一度全体を見直す．
5．もう一度書き直す．
6．事業計画の要約，すなわちエグゼクティブ・サマリーを作成する．
7．この段階で，誰か身近な人物に助言を頼む．
8．助言にしたがってもう一度書き直す．
9．自信を持てる計画書になったか，最終点検を行なう．
10．メンターや友人などに送り，感想を聞く．

今週の標語
最初の顧客に誰がなる？

第18週：事業計画書を投資家へ

> 今週の要点
> 1．先週事業計画書を送った友人などから，反応を聞かせてもらう．
> 2．有益な助言があれば取り入れる．
> 3．より完成度を高めた事業計画書を，いよいよ，資金を提供してくれそうな相手に送付する．

　今週は，先週事業計画書を送ったメンターや友人などからの返事を待つ週です．少しずつ，反応が返ってくることでしょう．できれば，単に「よさそうだねえ」とか「すごいねえ」という反応でなく，もともとの事業計画を一層改善するのに役立つような，素晴らしい提案が返ってくることを望みたいものです．もし，そんな反応が得られたら，早速あなたの計画に取り込みましょう．また，事業計画書を読んだ友人たちから，何か重大な問題点を指摘されることもありえます．その場合には，事業の内容と計画書の記述を，もう一度真剣に検討してみる必要があります．少しあと戻りになり，次の作業に進むのが遅れますが，やむを得ません．

　こうした手順を踏んで，友人達からの反応も良くなり，今の計画書で十分だと判断したら，さあ，今度は真剣勝負，投資家に事業計画書を示す時です．

思いとどまるなら今

あなたは,ここ数か月間,目の回るような忙しさの中で準備を進めてきたことでしょう.すぐに事業計画書を発送するのもよいのですが,著者としては,ここでちょっと落ち着いて,冷静に自分を見つめ直す時間を持つことをお勧めします.起業意思を再確認する時間です.

あなたが準備作業をしている自宅の仕事場には掲示板がありますね.そこには,第2週に貼り付けた写真などが見えるはずです.それらはあなたの夢を表わすものでした.どうですか,今でも変わりなく,それらはあなたの夢の象徴ですか? 何か変化はありますか? つけ加えたい夢,修正したい夢,もういらなくなった夢はありませんか? そして,自分の事業を経営することこそが,その夢を実現する手段だという信念に変わりはないですか?

これまで数か月の起業準備は楽しかったですか? 思いきり努力を傾けることを快感と思いますか? 事業が成功するか否かはすべて自分の知恵と実行力次第だ,そう考えると勇気が湧いてきますか?

この時点で,少し迷いが出てきた人もいることでしょう.とりわけ,計画中の事業が本格的に始まったら現在の勤務先は辞めようと考えてきた人,その勤務先が安全で確実な職場である人にとっては,不安が大きいと思います.事業を本格的に開始する日は,もう何週間後かに迫っている,そう考えるとなおさらでしょう.大丈夫,誰でもそんな心理状態になるものです.とはいえ,本当に後悔しないか,やはりここであなたの意思の最終確認をしておくのがよいでしょうね.勤務先の職場が恵まれた状況にある場合,たとえば以下のような事例にあてはまるのであれば,慎重に考え直すことが必要でしょう.職場を辞めて後悔することが多いのは,こうした事例ですから.

1. あなたの上司は世界最高.部下の意見には常に耳を傾け,仕事の

出来栄えに感謝の言葉を述べる．
2．あなたは，魅力的な新事業に挑戦できる立場にいる．何か新らしい事業案を考えついた場合，あなたは即座にそれを実行に移すことができる．上司の許可，煩雑な書類作成，度重なる会議などはいらない．
3．ばかばかしい規則でがんじがらめになっていない．
4．予算や人員を削減すべしとの圧力をいつも受けるような状況ではない．
5．経営陣がいつも，「今年は良い年であった．しかし来年はもっともっと頑張らねばならない」などと演説する会社ではない．
6．画期的な「新」業務革新運動などない．（そういうものは決して「新」であったためしがなく，ほとんどが，かつて実施していて，今の業務革新運動が導入される際に廃止された，当時の「新」運動の焼き直しである．）
3．あなたの存在価値は絶大であり，退社することが公表されると，従業員はすべて泣き出し，会社の株価は急落し，顧客は怒って社長に電話をかけ続けるという事態が予想される．そこで，社長がすぐ電話をよこして，給与を大幅に引き上げるから退社をとりやめないかと提示してくる可能性がある．

　勤務先を辞めて事業を立ち上げようというのは，家を買う，子供をもうけるといったことと並んで，人生における極めて重大な決断です．何日もかけて，事業仲間になる人や，妻や夫と話し合い，あなたが起業することに本当に賛成か，将来に夢を持ってともに進めそうかを，十分確かめてください．

会社か個人か──事業形態の決定

事業形態には，個人事業形態，共同事業形態，会社形態の3つがあることは第15週に学んだ通りです．今週は，そのうちどれを選ぶかを決めなくてはなりません．事業計画書の送付先である銀行や投資家は，必ずこの点に関心を持ちます．事業計画の要約には，この点を明記して発送する必要があります．

事業形態は資金調達の範囲を決定します．株式を発行して広く資金を集める必要がある場合には，もちろん株式会社形態をとるしかありません．個人事業やパートナーシップなどの共同事業形態をとると，資金調達の選択肢は狭まり，自己資金か，借入れか，公的な補助金を申請するしかなくなります．

エマとアラン

われらが若き起業家，エマとアランの状況はどうなっているでしょうか？　彼らは先週，知人に事業計画書を送付しましたが，今週，非常に重要な忠告がひとつ戻ってきました．それは，エマのボーイフレンドの父であるサイモンからでした．サイモンは，エマたちの店，レーシング・グリーンが提供するサラダは，マークス・アンド・スペンサーのような有名スーパーマーケットの商品とどう違うのか，また地元の普通のサンドイッチ店のものとの違いは何かという質問を提示し，計画書ではその点が明確になっていないと指摘してきたのです．サンドイッチ，サラダなどの商品メニューを事業計画書に書き込むべきだ，そして，投資家との会合に出席する場合には，必ず商品見本を作って持参し，実物を見てもらうべきだという具体的な提案もしてくれました．

エマとアランは，ボディショップの創業者であるアニタ・ローディックを空想上のメンターとしています．2人は，自分たちの事業

計画書にアニタはどんな反応を示すだろうかと考えてみました．そして，きっとこんな意見と助言をくれるにちがいないという結論に達したのです．

- 店で使用する野菜と果物は，原則として地元の生産者からしか買わないこと．もしも，それ以外から買う場合には，産地農民の過重労働が生み出す途上国産品の貿易などに反対している「フェアトレード運動」の賛同業者のみを使うこと．
- 店で使用する野菜と果物は有機栽培であること，遺伝子組み換え作物は使用しないこと．
- 何か慈善団体を選び，支援すること．支援方法は，顧客ひとりひとりからの売上げのうち，ほんの少額ずつでも寄付に回す，催し物や競技会を時々開いて，収益から寄付を行なうなどの形をとる．（これから店を開くリーズ市には，都市部の子供たちに田舎を経験させる活動を行なっている慈善団体があります．数日間を農場で過ごさせ，食べ物の育て方を体験させるのですが，エマたちは，この団体を支援することに決めました．）
- これらの経営哲学と社会活動を，レーシング・グリーンがマーケティングを展開するうえでの武器とすること．
- 近くのボディショップの店舗を訪ね，レーシング・グリーンのパンフレットを置かせてもらうこと．さらに，ボディショップで買い物をした顧客に，レーシング・グリーンの割引券を渡してもらうこと．

これら，実際に得られた忠告や，尊敬する起業家からの想像上の助言をすべて織り込んで，エマとアランは，事業計画書を一部修正しました．

事業形態に関しては，株式会社でいくことに決めました．その理由は，個人事業形態よりは2人の役割をはっきり決められること，食べ物を扱うという業種柄，不測の事態から思わぬ責任を背負い込む可能性があり，そうした危険が個人に及ぶのを避けたいこと，将来はチェーン展開して大規模な事業に育てたいので，それに適した形態を選びたいことなどでした．

さあ，わが自信作，事業計画書を送り出そう！

さて，今やあなたの事業計画書は，もうこれ以上磨き上げる余地はないほど完璧に仕上がったのではないでしょうか？ そして，あなた自身も，起業家としての道を歩む決心が固まったことと思います．では，いよいよ，あなたの事業計画書を，あなたの事業を資金面から支えてくれるであろう投資家や金融機関に向けて発送しましょう．送り先は，各起業家の事情によって異なります．ほかにも支援を受けたい業界団体や機関があれば，もれなく送っておきましょう．もちろん，手紙を添えることが必要です．そこには，以前に作成した，簡潔にあなたの事業を紹介するあの名スローガンを書き，事業計画書を同封したこと，資金を求める場合はその内容，近いうちに連絡を入れて面談のお願いをするつもりであることを述べます．

この封筒をポストに投函する時は，どきどきして不安になるものです．でもこれは，本当は待ちに待った瞬間であるはずです．今夜は盛大にお祝いをやりましょう．パブに繰り出すのもよし，家で起業仲間と，妻や夫と，友人たちと，上等なワインを開けるのもまたよしです．

今週の活動一覧

1．メンター，友人などから，あなたの事業計画書への助言や指摘事項を集める．

2．それらを計画に取り入れる．
3．事業内容を改善し，計画書を書き直す．
4．資金を供給してくれる可能性のある金融機関や投資家に送付する．
5．パブでもどこでもよい，お祝いをする．

役立つ情報源

ビールが美味しいパブの検索ページ．もし，あなたがもっと洗練された趣味の持ち主なら，シャンペン販売のウェブサイト．事業計画書発送のお祝いに備え，これらの情報はあらかじめ調べておくと楽しいですね．

今週の標語

最初の顧客に誰がなる？

第19週：販売活動開始

> **今週の要点**
> 1. 銀行，投資家に面談を申し込む．
> 2. 現金の受け払いを計画的に行なうため，1週間単位のキャッシュフロー予測表を作る．
> 3. 販売活動を始める．

　二日酔いは治りましたか？　事業計画書を送り出した開放感も一服といったところでしょうか？　では，また仕事にかかりましょう．

　あなたの事業計画書がどうなったか，送った相手に電話をかけて確かめましょう．質問があればそれに答え，直接結論を聞き出すため，面談の日時を設定しましょう．来週あたりに面談が実現すると一番よいのですが，それはあくまでも相手次第ですから，数週間後という場合があってもやむを得ません．どの相手と先に会った方がよいという順番を気にする必要はありません．すぐに相手の結論が聞けるとは限りませんし，たとえ聞けてもあなたの方ですぐに納得できるとも限りません．同じ相手と何回かやりとりする間に，順番などはどうでもよくなるはずです．面談を進めるコツについては，来週考えるつもりです．

販売活動開始

　投資家や銀行との面談が始まる前に販売活動を開始してはいけないということはありません．むしろ逆でしょうね．面談時に，あなたが

もう販売努力を始めていることを知ったら，面談相手は非常に好印象を持つはずです．何といっても，販売の成否こそ，起業が成功するかどうかの一番重要な鍵ですから．

　顧客の欲求を満足させ，その結果として利益を上げる．世の中に事業が存在する理由はこれしかありません．顧客なくして事業は成り立ちません．あなたの事業がまもなく最初の顧客を獲得できそうだ，売上げを計上できそうだという証拠を数多く示せれば示せるだけ，投資家や銀行があなたへの資金供給を決定する可能性は高くなるのです．

　消費者向けの，いわゆる B to C の事業を，店舗を持って行なうことを計画している場合は，それが一般の小売店であれ，レストランや美容院であれ，開店日を決める必要があります．新しい店の開店というのは人々の関心を引きやすいものです．この際，なるべく多くの人に興味を持ってもらい，ひとりでも多くの人にあなたの店に来店してもらうために，開店の機会を有効に使いましょう．こんな工夫も試みてみましょう．

1．あらかじめ選んだ人々を招待し，開店パーティを開催する．
2．チラシを用意し，友人などを動員して，開店日に店の周辺で配布する．
3．割引券や特別サービス券を配る．

　ほかにも何か思いつきましたか？　まだまだいろいろな名案があると思います．

　もしあなたの事業が，企業相手の B to B タイプであれば，すでに売り込みたい会社名の一覧表などを作っていることと思います．事業計画書にも記載しているかもしれませんね．もう何人か，あなたの新事業を支持してくれる応援団かサポーターを，つまり，あなたの製品

やサービスを使ってみようと言ってくれている担当者を見つけているのであれば，それが一番望ましい形ですが，もし，まだ誰も応援団やサポーターがいないという状況なら，今こそ多くの企業の担当窓口と接触の機会を作るべきです．そのためには次のようなことに心がけましょう．

1. 取引したい企業と業界を調査する．それらが直面する課題，今後の戦略を把握する．
2. 思い切って電話をかけ，あなたの新事業を説明する時間をもらう．ただし，忙しいと言われたらあとでかけ直すなど，丁重に先方の都合に従うよう配慮する．
   事業を説明する間，あなたの提供する製品やサービスは先方が必要としているものかを確認し，そうであることがわかったら，先方の求める製品，サービスの具体的な内容を，できる限り詳細に聞きとる．あわせて，現在の購入先を聞き出し，わが社の製品，サービスは，他社のどこにも負けず御社の業務に貢献できると信じるので，それを証明できるよう機会を与えてほしいと依頼する．
3. あなたの事業と製品，サービスに関する追加情報を送付する．こうしておいて，1週間後に相手の反応を確かめる．

マスコミを活用しよう

どんな事業でも，営業開始の時期が，地元メディアや業界誌などの関心を一番集めやすい時期です．できるだけマスコミの関心を引きつけることに，意識的に時間を使いましょう．記者や編集者に手紙を書くといった簡単なことでも，あなたを取り上げてくれるきっかけになるものです．ただしそれも，一般の人々があなたの「起業成功物語」

に興味を持つ場合に限ります．したがって，あなたの起業経験や事業そのものに，部外者をも魅了する要素が何かないかを考える必要があります．あなたの事業を，何か，ニュースで全国的な話題となっている事柄と関連づけるというのもひとつの方法です．全国的な話題を地方的な切り口でとらえる，これが地元メディアの求めるものですから．

　一般の人たちがあなたの事業に関心を持つということが起きるのは，次のような場合です．

1．起業家としてのあなたが，めずらしい経歴や個人的な体験を持っている．
2．事業に，人をびっくりさせ，楽しくさせる要素がある．
3．有名人または有名ブランドと，なんらかのつながりがある．
4．かっこよく，時代の先端を行く感じがする．

　まず一度，編集者への手紙や，記者発表用の資料などの下書きを作ってみましょう．そして，事業資金のめどが確実についた段階でいつでも発送できるよう，準備しておくのです．あとになって事業が動き出すと，忙しくてそんな時間は取れません．記者発表用の資料の書き方や，もっと広くメディア全般とのつき合い方に関しては，章末に掲げた書籍を参考にしてください．

　エマの場合も，記者向けの資料を作ることに決めました．そして，少し工夫を凝らし，レーシング・グリーンの健康志向という経営哲学を，ファーストフードばかり食べているとどうなるかを描いたドキュメンタリー映画『スーパーサイズ・ミー』に触れながら紹介することにしました．

週間キャッシュフロー予測表を作る

 事業の生命を維持するには，現金という食べ物が不可欠です．事業を始めると，驚くほどの速さで用意した現金が減っていくのを経験することでしょう．そして，あなたの事業が死なないように，とにかく現金を確保し続けること，それが経営者であるあなたの仕事になるのです．

 きっちりした事業計画を作って事業を開始した場合は，銀行の金庫という食料庫に現金という食べ物が十分確保されているはずですが，それでも用心のため，残り具合を定期的に点検することを怠ってはいけません．必要な額の現金がないという状況になったら，あなたの事業は1週間と持ちこたえられないでしょう．

 食べ物，つまり現金はどこからやって来るのでしょうか？ 顧客はもっとも望ましい資金源です．顧客の資金は，製品，サービスの販売の対価として得る資金，すなわち売上収入です．ほかに，銀行などの金融機関や投資家ももちろん資金源ですが，その資金には金利，配当といった費用がかかります．ですから，何はともあれ少しでも売上げを伸ばすことに集中しましょう．価格はできるだけ有利に，代金回収はできるだけ短期間に設定するよう努力しましょう．やはり，事業の食べ物である現金は，顧客から手に入れるのが本筋です．

 しかし，売上収入では，事業に必要な現金を維持できないという状況も考えられます．そんな場合は，事業が現金という食べ物を食べ過ぎているのです．事業をダイエットする，つまり支出を減らすことが必要になります．

 そもそも現金を食べ過ぎている大食い犯人は誰か，突き止めましょう．調達先か，販売管理部門か，もしかしたらあなたの給料（もらっていればの話ですが）かもしれません．経費を最小限度まで切りつめ

るために,聖域を設けず,すべての経費を再点検しましょう.たとえばある備品について,購入は中止できないか,先に延ばせないか,もっと安く買えないか,中古品はないか,借りられないかなどを検討するのです.購入する場合は,支払いをできるだけ遅くするよう交渉します.

このように現金の有無が事業の生命線であれば,キャッシュフローを予想し,計画を立て,それをきちんと管理することは極めて重要です.キャッシュフロー予測表は事業計画書に含まれているはずですが,それは月単位のものであり,きめ細かい管理には不十分です.手控え用に週単位の計画表を作るべきです.著者のお勧めは,まず8週間分のキャッシュフロー計画を立て,1週過ぎるごとに新たな1週分を追加する,そして,状況が変わるごとに予測値全体を見直すという方式です.この章の最後に示した「週間キャッシュフロー予測表」を使ってください.

役立つ情報源

- Steve Martin, Gary Colleran, *Sold! How to make it easy for people to buy from you.* (Prentice Hall Business)

  販売に基本に関する有益な本.CDとカセットテープ(Red Audio)にもなっている.

- Annie Gurton, *Press Here! Managing the Media for Free Publicity.* (Prentice Hall Business)

  地元のメディアや業界関連のジャーナリズムの活用が,あなたの事業の宣伝に一番効果がある.この本はその方法を伝授する.

起業家の言葉

★ ジェフ・ウィンダスは，コンサルティング会社「コーポレート・パフォーマンス・インプルーブメント」の経営者で公認会計士．起業家に事業拡大の実践知識を伝授している．

「ほとんどの起業プロジェクトは，資金不足の状態から始まる．したがって，資金の管理には，慎重の上にも慎重を期すべきだ．特に短期の資金繰りが重要だ．銀行などに提出する事業計画書には，月単位のキャッシュフロー予想を添付するのが通常だが，それに加えて，もっともっと細かく日々の資金管理を徹底するために，週単位のキャッシュフロー予想表を作る必要がある．常に2か月先を見通し，8週間分の予測を立て，それを毎週更新していくのだ．事業失敗の最大の理由，それは現金不足だということを肝に銘じなければならない．」

★ イギリスの回転寿司チェーン「ヨー・スシ」の創業者であるサイモン・ウッドローフはこう言っている．「私の意見では，大，大，大成功の会社を作る秘訣はただひとつ，必要な現金を切らさないことだ．」

★ クリス・ゴーマンは「DXコミュニケーションズ」という携帯電話販売会社の共同創業者のひとりで販売責任者．のちに同社をブリティッシュ・テレコムに売却して大きな創業利潤を得た．

「相手のことを理解する．企業相手の売込みで取引を成立させるためには，このことが極めて重要だとわかった．相手を理解してこそ，売込み先企業のニーズを正しくつかみ，顧客である会社

にとって有益な商品やサービスだけを，間違いなく提供することが可能になる．そこで私は，何かというと図書館に通うことにした．たとえばダンボール製造会社の人と会う必要が生じた場合，段ボールという製品の特質，各社の規模の大小と競争関係，その他の業界事情などを調べるといった具合に図書館を活用したのだ．おかげで顧客と会う時はいつも，相手業界の内容や仕組みについてくわしくなっていた．」

今週の活動一覧

1．事業計画書を送付した相手と面談できるよう手配する．
2．とにかく売ること！　早急に販売活動を開始する．
3．マスコミへのＰＲ方法を考える．
4．週間キャッシュフロー予測表を作る．

今週の標語

最初の顧客に誰がなる？

第19週

週間キャッシュフロー予測表

	週1	週2	週3	−	週12
① 現 金 収 入 　　現 金 売 上 　　売 掛 金 回 収 　　前 受 金 　　その他収入					
② 現 金 支 出 　　商品・原材料仕入代 　　賃 金 ・ 給 与 　　社 会 保 険 ・ 税 　　家 賃・光 熱 費 　　そ の 他 経 費 　　資 本 支 出					
③ 財務活動によるキャッシュフロー 　　収入：借 入 額 　　　　　増　　資 　　　　　補 助 金 　　支出：返 済 額 　　　　　支払金利					
④ 現金過不足額（①−②+③）					
⑤ 前月からの繰越現金 　　手 許 現 金 　　銀 行 預 金					
⑥ 翌月への繰越現金（④+⑤）					

第20週：事業資金を集めよう
―投資家にあたれ

> 今週の要点
> 1. 銀行，投資家に会いにいく．
> 2. 販売活動を強化する．

　申し込んでおいた銀行や投資家との面談が今週実現するものとして，ここでは相手と話を進める時のコツや注意点について考えましょう．もし面談がまだ先になりそうであれば，一応予備的な知識として本章を読んでおき，実際の面談前に再確認することをお勧めします．

銀行との面談

　訪ねてきた起業家志望のあなたに会って，銀行員はあなたの事業，あなたの人物像を，銀行の立場から評価しようとします．その際用いられる判断基準は通常7つ，それらは，頭文字を取って「PARSERS」と呼ばれます．判断基準としての重要度は綴りの順，つまりP，A，R……という順番です．

1. P（人物＝Person）：起業を目指すというこの人物は，計画している事業に必要な資質を備えているか？　この分野のプロフェッショナルか？　自分の事業内容と事業計画をよく理解したうえで説明しているか？　この事業に役立つ経験，実績を積んでいるか？　人間的魅力があるか？　この事業をやりぬくだけの粘りと

信念を持っているか？

2．A（調達希望金額＝ Amount）：いくら，何のために借りようとしているのか？（実際に銀行側から借入金額の話が出るのは，2回目か3回目の面談の時でしょうが，相手は，心の中では，1回目からあなたの借入必要額を見積もっています．）

3．R（返済能力＝ Repayment）：借入れを返済する能力は十分か？ 返済資金の元は何か？

4．S（担保＝ Security）：返済できない場合に備えて差し出す担保はあるか？ それは何か？

5．E（返済期間＝ Expediency）：返済までに時間がかかり過ぎないか？

6．R（金利収入＝ Remuneration）：この貸付で，銀行にはどの程度の金利収入が入るのか？

7．S（関連取引の可能性＝ Services）：銀行が提供する各種サービスの顧客になりそうか？ たとえばクレジットカード，リース，売掛債権買取業務（ファクタリング），保険，年金などの取引が可能か？

　第17週に，銀行の担当者になったつもりで自分の事業計画書を再点検してみるという作業をしましたね．その際，9つの注意事項をあげました．今週の面談で銀行側が聞くのは，まさにこうした点ですから，必ず事前に回答を用意しておきましょう．提出した事業計画書にすでに記載してある点については，先方にその個所を示すことです．もし，担保が足りないという理由で銀行が融資を渋る場合は，公的な信用保証制度が使えないか，相談してみることも必要でしょう．

投資家との面談

　投資家にもいろいろなタイプがありますが，ここでは，起業初期の資金提供に積極的な，いわゆるエンジェル投資家についてとりあげます．エンジェル投資家の典型は，何か特定の分野で起業ないし事業経営の実績を持っており，かつ，かなりの成功を収めた人物，そして今は，次世代の起業家に対して資金的な支援をする機会を求めている人物です．その投資動機は，危険があってもそれを最大限回避しながら，成功の可能性が高いと自ら見込んだ起業家の事業に投資したい，その方が，余裕資金を銀行に預けておくよりはずっと成果が大きいからというものです．それに加え，起業家を支援することがうれしい，投資対象の事業分野に個人的な強い興味を持っているというエンジェルも存在します．

　投資家が起業案を持ってきた人に会う時，一番注意深く観察するのは，その起業志望者の人物像です．なんといっても，事業を起こす人間そのものが事業の成否を決める重要な要素だからです．たとえビジネスアイディアが世界一優れていても，起業家の能力が十分でなければ成功に至ることはできません．第4週に取り上げた，起業に必要な能力を思い出してください．前向きな姿勢，人脈を作る能力，事業機会発見能力，販売力，交渉力，粘り強さの6つでしたね．これらをあなたは備えているか，投資家はそれを見ようとするのです．加えて，あなたがこれから入ろうとする業界にどのくらい精通しているか，顧客に関する知識は十分かなども，投資家の重要な判断基準です．

　もうひとつ重要な判断基準があります．それは，あなたが，将来発生するかもしれない危険な事態を事前に把握し，検討しているか，計画と実績の間に生じるずれへの対応策を準備しているかという点です．

　しかし面白いのは，投資家があなたを支援するかどうかを決める際には，どうしても個人的な好き嫌いの要素を排除できないということ

です．ですから，まず相手に好かれることが肝心です．それができたら，この交渉はもう半分以上あなたの勝ちといってよいでしょう．

家族や友人からの投資

　家族や友人の中にも，あなたの事業に興味を持ち，投資したいと言ってくれる人がいるかもしれません．そうした，ごく親しい人を相手にする場合でもけじめが大切です．相手を初対面の投資家に見立てて，一度きちんとした打ち合わせの場を持ちましょう．ただし，相手はおそらく，事業や投資ということに馴れていないでしょうから，その点に配慮して，いくつか注意すべき点に相手の理解が十分行き届くよう努力すべきです．たとえば以下の諸点です．

1．投資金額は余裕資金の範囲に止めること．思いがけない事態によって，投資した資金がまったく戻ってこないこともありえます．投資額はやや少ないと思える程度が適切だと助言すべきです．
2．いったん投資してしまうと，投資家の資金は，多くの場合資本金として固定され，投資元本が回収できるまでにはかなりの時間がかかるということ．どのくらい先かは，あなたの事業の収益性がどれくらい高いか，利益を事業拡大のための再投資にどのくらい回すかなどによって決まりますが，少なくとも5年くらいかかるのが通例だということを理解させるべきです．
3．元本の回収が遅れるばかりか，配当という形で，投資が成果を生み始めるのもかなり先だということ．5年を超える場合がほとんどでしょう．
4．もし事業が失敗すると，たとえ親戚や友人といえども，あなたとの人間関係が悪くならないとは限らないので，そうならないと確信できる人にだけ，投資してもらうこと．

5．これはあなたの事業であり，親しい間柄だからといって，干渉によって経営を混乱させないでほしいこと，必要な場合はあなたから助言を求めること．

　こうした点をよく説明し，理解してもらったうえで，なおかつ友人や親戚が投資したいというのであれば，それは，あなたの事業にとって最高のすべり出しを意味します．こんなありがたいことはありません．

　ところで，事業計画書を送っておいた投資家に直接会えたら，いつまでに最終的な結論をもらえるかを必ず確認すべきです．事業計画はすぐにも取り掛かれる状態にあるので，来週いっぱいには結論が欲しいことを伝えましょう．

販売活動を強化する

　銀行や投資家を回っている間も，販売のための活動は途切れることなく続けなければなりません．先週連絡をとった売込み先には今週も電話をして，取引を検討してくれたか，先週送った追加資料は見てくれたか，何か質問はないかなどを聞きましょう．そして，相手の求めるものをさらにくわしく理解し，あわせて先方からの質問にもっと丁寧に答えるために，とにかく1回（2回目かもしれませんが）訪問できるよう，何とか工夫してみましょう．

　販売努力を行なう場合には，すでに持っている人脈などを手掛かりにするのが第一歩ですが，それとあわせて，新たな潜在顧客を発掘するため，毎週必ずすべきことがあります．章末に掲げたような「週間販売活動計画表」を作成することです．作成要領は以下の通りです．

- 新規顧客の候補先名を書き連ねた一覧表を作る．

- そこに掲げた先のうち数社（ないし数人）を，毎週必ず調査する．
- 毎週必ず数社（ないし数人）に接触して相手のニーズを探る．
- 資料を送付する．
- 毎週必ず数社（ないし数人）と面談の約束を取り付ける．
- 毎週必ず数社（ないし数人）あてに提案書を提出する．
- 毎週必ず数社（ないし数人）と連絡を取り，提案書への反応を追跡，確認する．

　新規顧客に販売活動をすれば，当然，強い拒絶反応やまったく無反応の相手に数多く出会うものです．しかし，そこが粘り強さの発揮しどころです．断られたら，もっと多くの新たな潜在顧客を探して販売活動をやり直すこと，そして，それを，いつか本当に顧客になってくれる相手に出会うまでやり続けることです．実際の顧客をひとり獲得するまでには，5倍，10倍，あるはそれ以上の潜在顧客に売込みを図る必要があものです．

　週間販売活動計画表は，あなたの販売活動を交渉の進行段階ごとに区分し，各段階に達した顧客候補先名を記入するようにできています．毎週新しく作成し，販売活動を計画的に進めましょう．
　毎週必ず，顧客になってくれそうな企業や個人をいくつか特定して，計画表に書き加えることが大切です．表はあなたの仕事場の掲示板に貼るか，販売活動関係のファイルの最初に綴じ込んでおきましょう．新規顧客候補のうちのいくつかを，毎週欠かさず調査すること．これは先ほど述べた通りです．

起業家の言葉

★ 「私と弟が事業計画書を作成したときの試算では,創業資金は9万ポンド(約1,800万円)かかるだろうと思われた.そこで,銀行へ出かけ,借入れの交渉をしたが,なんと19もの銀行に,面と向かって拒絶された.20行目で,やっと何とか信用してくれる相手にめぐり合った.」(サハー・ハシェミ……「コーヒーリパブリック」創業者)

★ 「資金調達の必要に迫られ,8つの銀行を回って事業計画の説明をしたことがあった.どの銀行も素晴らしい説明だと言ってくれた.ただし貸付はできませんというのが7行の答え,8番目の銀行がやっと「ある程度までは支援してもよい」と言ってくれた.事業開始から間もない頃の資金繰りはまさにナイフの刃の上を渡るような状態で,結局その銀行からの借入れは,当初与えられた限度額の2倍になってしまった.起業家の事業にこんなふうにつき合ってくれ,支援してくれる銀行はめったにないので,非常にありがたかったが,それでも,増やしてもらった借入限度枠を絶対に超えないように細心の注意を払う日々は,緊張の連続だった.」(トニー・トムソン……「ヨーク・ビール」創業者)

今週の活動一覧

1. 銀行および有望と思われる投資家に会って説明する.
2. 面談結果を記録し,残しておく.
3. 販売活動を強化する.

第20週

今週の標語
最初の顧客に誰がなる？

週間販売活動計画表

　　　　　　　　　年　月　日〜　月　日

- 今週見つけた新規顧客候補一覧（5社）
  1. _____
  2. _____
  3. _____
  4. _____
  5. _____
- 今週までに新規顧客候補一覧に掲げた先のうち，今週調査を実施した先（3社）
  1. _____
  2. _____
  3. _____
- 今週までに新規顧客候補一覧に掲げた先のうち，今週接触を試みた先（3社）
  1. _____
  2. _____
  3. _____
- 今週までに新規顧客候補一覧に掲げた先のうち，今週話を聞いてもらった先および資料を送付した先
  1. _____
  2. _____
- 今週までに新規顧客候補一覧に掲げた先のうち，今週面談の約束ができた先
  _____
- 今週面談に成功した先
  _____
- 今週提案書を提出した先
  _____
- 提案書を提出済みの先のうち，今週検討状況確認のための電話ないし面談を行なった先
  _____
- 今週の販売実績
  （販売品目）_____　（相手先）_____

- 本表はあくまでも見本であり，個別事情に応じて適宜修正して使うこと．

第21週：会社設立

> **今週の要点**
> 1．資金調達について結論を出す．
> 2．必要な場合は，現在の勤務先を辞める．
> 3．相談できる弁護士を探す．
> 4．会社を設立し登記する．
> 5．ドメインネームを登録する．
> 6．見つけておいた不動産の正式契約をはじめ，事業経営に必要な資源の調達を正式に開始する．
> 7．販売活動を一層強化する．

　先週いくつかの面談に成功したあなたは，今ごろきっと，資金提供を申し込んだ先からどんな返事が来るか，大いに気をもんでいることでしょう．中には，もう一度あなたと電話で話したいとか，あるいは直接会いたいとか，工場や店舗を見てみたいとか，製品やサービスを試しに使ってみたいなどと申し入れてくる人や企業があるかもしれません．特に，相手が，自分の資金を使って危険を覚悟で投資を行なうエンジェル投資家のような場合や，あなたという人物をよく知らない投資家である場合には，意思決定前の調査が徹底的に行なわれるのも当然です．しかし，相手の反応がどうであれ，あなたのこれからの都合もあります．ともかく，最終的な結論をもらう期限を今週末と決めましょう．そして，接触した銀行や投資家のなるべく多くから，何らかの結論を引き出すよう努力しましょう．

さて、資金提供者からの回答が出揃ったところで、それらを集計してみましょう。調達可能な額は、あなたが今必要とする資金の額に対して十分ですか？

- 十分だという場合
 よかった、やりましたね！ 先に進みましょう。

- 必要額に近いが十分とはいえないという場合
 そういうこともあるでしょう。問題は必要額に足りない分をどう埋めるかです。銀行借入れの増額を頼むか、自己資金をもう少し投入するか、ほかにもエンジェル投資家を探すか、あるいは計画を修正して、調達できない金額分だけ支出額を削るかといった選択肢が考えられます。

- まったく足りないという場合
 うーん、ちょっと困りましたね。事業計画をもう一度よく見つめ直す必要がありそうですね。そして、どう考えても自分の事業計画は成功するという確信が揺らがないのであれば、少し別な方面、すなわち、公的金融や補助金を得る可能性はないか探ってみましょう。エンジェル投資家を探す努力をさらに続けてみることも重要です。あるいは、この場合は、いっそ今の計画を思い切り縮小して、ずっと小規模な事業として出発するのが適切な判断かもしれません。

勤務先を辞める

起業準備が終わり、自分の事業が営業を開始する段階に到達したら勤務先を辞めようと計画していた人には、資金を調達できる見通しが

ついた今こそが，まさにその機会です．勤務先との関係をこじらせることなく，友好的に退職できるよう努めましょう（ここでは，いまから1か月後に退職すること，そして，それがあなたの勤務先の退職規定に触れないことを想定しています）．上司や同僚が顧客になってくれるくらいの関係を残せるのが望ましいですね．もし現在失業中で，職業紹介機関に登録している場合は，これから事業を始めることをきちんと報告する必要があります．

　エマとアランはどうしたでしょうか？　ある朝，出勤前に一緒にコーヒーを飲みながらこれからの事業について話し合い，今やお互いに深く成功を確信していることを確かめ合いました．そして，2人ともその日に上司に退職届を提出したのです．

　エマの上司は，君が辞めるのは残念だが，その事業案は素晴らしいと思うよ，僕も君の店に昼食を買いにいくからと言ってくれました．一方，アランの上司の反応は，なんて馬鹿なことを考えるんだ，中止した方がいい，将来の年金を放棄し，安定した仕事を放棄することがどういうことかわかっているのかね，というものでした．しかし，ともかく2人は退職することに決まり，その晩は，お互いに友人を誘って大いに飲みかつ食べ，記念すべきその日を祝ったのでした．

法律面の相談が必要

　この段階までくると，弁護士に相談すべきだと思われる事項が，いくつか出てくるものです．起業支援を受けているメンターなどからも，そういう助言があるかもしれません．以下のような点を中心に，今，来週中に弁護士と相談できる手はずを整えましょう．

1．雇用契約について
2．事業用店舗など，不動産関係の契約について

3．大口調達先との契約内容について
4．大口顧客との契約内容について

　弁護士との面談では，要望事項を整理して，正確に伝えましょう．料金は時間制でなく定額制にすべきです．相手が承諾しなければ，ほかの弁護士を訪ねることです．誰を訪ねるかは，友人や会計士に紹介してもらうのが一般的でしょうが，地元の弁護士を電話帳で検索するのもひとつの方法だと思います．

会社の設立，登記

　事業を会社形態で立ち上げると決めたなら，もう設立，登記をしなければならない段階です．会社設立をめぐる法制度はさまざまですが，以下ではイギリスで多く見られる株式会社の設立手続きを紹介します．

　手続きは簡単です．著者は会社設立のコンサルタントを利用することを勧めますが，その場合は特に簡単です．そういったコンサルタントは会計士が紹介してくれますが，自分で探すのも容易です．章末に数社の連絡先を書き出しておきました．費用は，必要手続きを全部含んで120ポンド（2万4,000円）程度です．書類の書き方は簡単で，インターネットからでも作成できます．会社形態は，ほとんどの場合，イギリスの法律でいう「株式譲渡制限の付いた株式会社（Private Company Limited by Shares)」でよいと思いますが，念のため，会計士とコンサルタントの助言も受けておいてください．

　コンサルタントを利用した場合の手続きは，おおよそ次のようなものです．

1．まずコンサルタント自身が株主となって会社を設立し，1株を発行する．会社は，イギリス貿易産業省所管の登記受付機関である

「カンパニーハウス」に登記する．その際，会社機関として設置が義務づけられている取締役と会社秘書役（カンパニー・セクレタリー）の氏名も登記する．コンサルタントによっては，すでにいくつもの会社を登記していて，そのうちのひとつをあなたに分けてくれる方式（それは，あたかも棚に並んでいる商品をひとつ分けてくれるのに似ており，「オフ・ザ・シェルフ」方式と呼ばれる）を採用することもある．

2．オフ・ザ・シェルフ方式の場合は，すでにある社名をあなたの会社の名前に変更し，それを登記受付機関で登記する．
3．会社の全株（1株）が会社設立コンサルタントからあなたに譲渡され，株主の変更が登記される．譲受人は印紙税を支払う．
4．これまでの取締役と会社秘書役は辞任する．
5．代わって，あなたが選任した人物を選任，登記する．
6．コンサルタントから関連書類（会社設立証書，定款，会社登記簿謄本，社名ならびに役員変更に関する登記簿謄本など）を受け取り，安全に保管する．
7．以上で手続きは完了し，あなたの会社ができ上がる．必要なら，株式の追加発行や，取締役の増員もできる．

イギリスの場合，カンパニーハウスに登記された株式会社には，いくつかの書類の提出義務が課せられます．たとえば以下のような書類です．

1．取締役ならびに会社秘書役変更届
2．担保として銀行などに提供した会社資産の明細書
3．会社現況報告書．通常カンパニーハウスが作成し，年1回送付してくるので，内容を確認して（修正の必要があれば書き直して）

返送する．
4．年次財務諸表．一定以上の売上げ規模に達した会社は会計士監査済みのものが必要である．

　なお，取締役と会社秘書役に誰が就任するかは，会社にとって重要な事項です．就任にあたっては次の点に十分注意すべきです．

- 取締役は，多くの法的責任をともなう職務であり，会社経営にあたっては，関連法規や規則を確実に守り，適正な取引のみを行なうよう注意すること．この点を怠ると取締役個人が罰せられる．取締役の必要人数は国によって異なるが，イギリスではひとり以上となっており，あなた以外にも，就任を希望する資金提供者などを加えることが可能である．
- 会社秘書役は，秘書とはいえ役職者の補佐業務，タイプやお茶出しを行なうわけではなく，会社の機関として重責を果たすものである．取締役の業務執行に関する手続き面での適法性を維持するのがその職務であり，たとえば法令が求める報告書が規定通り作成されるように，あるいは会議招集が規則にしたがって行なわれるように管理する．会社秘書役は取締役が兼務することもできる．

　エマとアランは株式会社を作りました．エマが取締役，アランが会社秘書役になりました．

> 訳注：日本における会社設立の手続きは以上の説明と大きく異なります．相違点の概要は次の通りです．
> - 株式会社を設立するには発起設立（会社を設立するものが，発起人として設立当初の全株を引き受ける）と募集設立（発起人以外にも当初の株主になるものを募集する）の2方法がある．このどちらかを用いて，起業家がみずから会社を設立

- することが一般的であり，コンサルタントなどがあらかじめ設立した会社を利用する，いわゆる「オフ・ザ・シェルフ」方式は行なわれていない．
- 会社の設立，変更に関する登記は，法務省の地方分局のひとつである法務局（地方法務局，支局，出張所を含む）が取り扱う．
- 会社という組織体を運営するには，意思決定や事業行為を行なう人や機関が必要である．株式会社の場合，株主総会，取締役，監査役，会計参与などがそれにあたる．会社法の規定は，株主総会および取締役の設置を義務づけているが，その他の設置に関しては，会社の規模の大小，株式公開会社かそうでないかによって，弾力的な措置を認めている．設立間もない小規模企業では，取締役1名ないし数名と監査役1名を置く場合が多い．
- 会社秘書役制度はない．

ドメインネームを登録すると

自社のウェブサイトとeメールアドレスを持つと，顧客があなたの会社を発見しやすくなり，事業がプロらしく高度に見えるといった利点があります．そのためには，ドメインネームを得ることが必要です．

ドメインネームは，インターネットに接続されているコンピューターに割り当てられた名前です．ドメインネームは複数持ってもよく，たとえば著者がフライング・スタートアップという会社を創業し，自社のウェブサイトを立ち上げた時には，flyingstartups.com, flyingstartup.com, flyingstartups.co.uk, flyingstartup.co.uk という，わずかに違う4つのドメインネームを登録しました．こうしておくと，顧客がサイトを見ようとした時，たとえドメインネームが.comだったか，.co.ukだったか，sが付いたか付かなかったか，うろ覚えでも，何とかわが社のサイトにたどり着いてくれる可能性が高まると考えたからです．

ドメインネームを決めるには，まず希望する名前をいくつか書き出し，取得申請手続きを代行してくれるサービス会社のウェブサイトを開いて，希望名はすでに登録されていないか，登録費用はいくらかかるかなどを調べます．代行サービス会社を利用する際には，以下のような点を確認しましょう．

1．ドメインネームの所有形態はどうか．ドメインネームはあなたの会社が直接所有するのか，サービス会社から借りる形か．直接所有形態としてくれる業者を選ぶこと．
2．将来，もし代行サービス会社に不満が生じ，現在のドメインネームを持って他社に移る事態となった場合，手数料が発生しないか．手数料なしの会社を選ぶこと．
3．ドメインネームとIPアドレスとの対応，すなわちDNS設定を変更し，ホストサーバーを変更することは可能か．
4．ドメインの維持管理料金はいくらか．

　エマは，自分のサンドイッチショップであるレーシング・グリーン社のドメインネームをracinggreens.comかracinggreens.co.ukにしようと決めました．そして，インターネットで調べたところ，幸いなことに2つともまだ誰にも使われていないことがわかったので，2つとも登録することにしたのです．エマが登録会社に払った料金は，登録料と2年分のサービス料込みで約25ポンド（約5,000円）と極めて格安でした．この値段にはアランも非常に満足でした．

事業経営に必要な資源の調達を正式に開始する
　経営資源の調達開始とは，具体的には，探しておいた事業用の不動産物件を正式に賃借する，商品や原材料の仕入れを開始する，購入

することを決めていた事業用のさまざまな設備，備品などを実際に買い入れるという行為を意味します．これから2，3週間は，このほかにもやることが非常に多い時期です．もれなくすませるために，必要事項を細かくすべて書き出して，終えたものから消していくようにしましょう．

販売活動を忘れるな！

ひとつ注意したいことがあります．それは，今はやることが山のようにある時期ですが，あなたの事業にとって一番重要なことだけは決して忘れてはならないということです．今一番重要なこと，それは最初の顧客を獲得することです．さあ，先週作った「週間販売活動計画表」を活用しましょう．新規顧客候補先を調査し，電話をかけ，提案書を用意し，面談を実現させましょう．先週接触した人や企業のいくつかからは，もう断られているかもしれませんが，ひとつの「イエス」は多くの「ノー」の中に隠れているもの，特にB to Bの事業の場合はそういえます．断られれば断られるほど，最初の顧客に近づいていると考えましょう．

エマは，地元のある女性交流会に頼んで，ある日の夕方の会合で食事を調理して提供する許可を得ました．簡単な挨拶もさせてもらう予定です．ちょうどレーシング・グリーン開店の週なのですが，夕方なので，忙しいお昼時の業務には影響がないはずです．

今週の活動一覧

1．必要資金を調達する．
2．現在の勤務先を退職する．
3．弁護士の指導を受ける．
4．会社を設立，登記する（会社形態を選ぶ場合）．

5．ドメインネームを登録する．
6．見つけておいた不動産を正式に契約する．その他，事業経営に必要な資源の調達を始める．
7．販売活動を継続する！

連絡先

- 会社設立コンサルタント
  ① York Place Company Services: www.yorkplace.co.uk
     電話：0113-242-0222
  ② Jordans: www.jordans.co.uk　電話：0117-923-0600
  ③ Quickformations: www.quickformations.com
     電話：0800-061-2288
- ドメインネーム代行サービス会社
  ① www.ukreg.com
  ② www.netbenefit.com　電話：0870-264-2298
  ③ www.godaddy.com

今週の標語

最初の顧客に誰がなる？

第22週：役所，銀行，税務関係
―必要手続きをもれなくすませる

今週の要点
1. あなたの会社用の銀行口座を開設する．
2. 商品やサービスを提供してくれる調達先に，取引口座を開設してもらう．
3. 税務署への届け出を行なう．
4. ほかに必要手続きがあればもれなくすます．
5. 販売活動を継続する．

今週は，そろそろ会社設立登記が終わる頃だと思います．登記簿謄本などが手に入る時期を見はからって，会社の口座を開設する銀行を決めましょう．

口座開設にあたって必要な書類は，どこの国でも大きな違いはないでしょう．イギリスでは，銀行の担当者が以下のような書類を点検します．

- 会社設立証書
- 登記簿謄本
- 会社の定款および付属書類
- 株主および役員名簿
- 株主および役員の身分と住所を証明する書類（イギリスではパスポート，運転免許証，住所の記載のある銀行取引明細書や公共料

金請求書などが使われる)

　手続きが煩雑でむずかしいと思われる場合でも，心配はいりません．必要書類を全部銀行の担当者に渡して，代行してもらうことができるはずです．

　銀行で口座開設手続きをすませても，小切手や預金通帳などは数週間後でないと送られてきません．早く調達先との取引口座を開き，商品の仕入れ，原材料や資材の購入などを始められるように，口座番号だけは先に教えてくれるよう頼んでみましょう．

調達先との取引口座

　どの調達先も，自社との取引口座を持っている企業にのみ，製品やサービスの売掛販売を行ないます．取引口座の開設を申し込むには，調達先が各社独自に作っている申込書に必要事項を記入して提出します．主な記入事項は，あなたの会社の名前と住所，登録番号，取締役の履歴，銀行取引の詳細，売掛金（あなたから見れば買掛金）の希望限度額などです．申込書には，調達先側が定めた取引の諸条件も書き込まれていて（別紙になっていることもあります），「申込者はその内容を承諾します」という趣旨の言葉が入っています．サインする側のあなたとしては，取引諸条件の内容をあらかじめ確認すべきです．調達先によっては，最初の取引には売掛金を認めず，初めての注文品の決済が現金で問題なく行なわれたあと，2回目以降から売掛金取引を行なうところもあります．

税務署への届け出

　事業を始めるには税務署への届け出が必要です．今週それを行ない

ましょう．所轄税務署（あるいは近くの支所）には，あなたのような事業の登録を手伝う窓口があるはずです．まず，訪ねていって話をしてみてはどうでしょうか．案外丁寧に相談に乗ってくれるものです．

あなたがコンサルタント業で，株式会社形態をとっている場合は，税務当局の規制 IR35 をよく調べる必要があります．内国歳入庁の専用電話 0845-303-3535 か，ウェブサイト www.inlandrevenue.gov.uk/IR35 を読んでください．

（訳注：イギリス内国歳入庁（Inland Revenue）は組織変更により，Revenue and Customs（歳入関税庁）になりました．）

税務署関係の手続きについては，契約している会計士からも助言が得られるでしょう．依頼の仕方によっては，届け出手続きを代行してくれるかもしれません．

税などの支払方法は，個人事業か会社形態かによって異なります．以下の通りです．

1. まず，税金ではないが，社会保険（イギリスでは国民保険と呼ばれる）の負担として，国民健康保険と年金の掛け金が徴収されます．
2. 税金については，あなたが個人事業主であれば（パートナーシップの場合も基本的に同じです），決められた方式（イギリスでは自主算定方式と呼ばれる）によって計算された個人所得税を納付します．
3. 会社形態をとっている場合は，会社の年間利益の一定割合を法人税として納付します．課税されるのは，あなた個人ではなく会社です．
4. 起業家であるあなた個人が会社から受け取った給与に関しては，

個人所得税が課せられ，あなた個人が負担します．個人所得税の納税は，会社が給与から徴収して代行する例が多くみられます．

> 訳注：日本においては，開業にあたって必要な税務関係の手続きは以下の通りです．
> - 個人事業主の場合は，①開業後1か月以内に「個人事業の開廃業等届出書」を所轄の税務署に，②開業後１５日以内（ただし地域によって異なる）に「事業開始等申告書」を都道府県税事務所ならびに市町村役場に，それぞれ提出する．
> - 会社形態で開業した場合は，「法人設立届出書」を所轄の税務署，都道府県税事務所，市町村役場に，それぞれ提出する．

ほかに必要な登録などはないか？

VAT登録を任意で希望する場合に関しては，来週触れることにしましょう．

関税，物品税に注意しましょう．あなたの事業が物品の輸入をともなう場合には，関税支払いの義務が生じる可能性があります．

アルコール飲料，たばこ，鉱物油，賭けの類（ビンゴや宝くじを含む）やカジノの経営などといった物品やサービスを販売，提供する事業は，そのための登録と物品税支払いの義務を負います．

関税局（現歳入関税庁）の連絡先は，あとに記載してあります．

事業所税

事業所を構えている場合は，事業所税を支払う義務があります．www.voa.gov.uk で確認してください．地域の担当機関に問い合わせることも，インターネットで課税評価額を調べることもできます．

健康安全基準に関して

労働環境の安全と健全化のための機関（イギリスの場合は労働年金

省の健康安全局）にも届け出が必要な場合があります．特に，従業員を雇用する場合，事業の場所に不特定多数の人が出入りする場合は必要です．

> 訳注：日本においては，個人事業主であっても企業形態であっても，従業員を雇用する場合は，労働基準監督署へ届け出るほか，各種保険（労災保険，雇用保険，健康保険，厚生年金保険）に関して，社会保険事務所または公共職業安定所への届け出を行ないます．

特殊な許可

特定の業種には，市町村や地方裁判所からの特殊な許可が必要です．パブ，ホテル，民宿，映画館，ナイトクラブ，スポーツ施設，鍼灸・マッサージ，美容院などがこれに該当します．問い合わせ窓口に関する詳細は，電話帳，地元図書館，ビジネスリンクで入手可能です．

情報管理

今日では，業務上取り扱う個人情報に関して，管理方法と使用目的を，情報保護登録官へ申告する義務が生じる場合が多くあります．顧客情報，従業員情報，その他のデータベースやデータファイルを取り扱うのであれば，それらは皆（監視カメラの映像までも）申告しなければならないのです．ただし，申告手続きは簡単です．

公正取引

あなたの事業が，顧客に対して債権を生じる取引を行なうのであれば，公正取引委員会への届け出が必要です．

消　防

イギリスでは，ホテルやゲストハウスなど，宿泊サービスを提供する事業には，以前は，消防署の証明書を掲示する義務がありました．不特定多数の顧客が出入りする場所（小売店舗，レストラン），複数の事業を運営する事業所なども同様でした．現在，規制は変わりつつあり，証明書の掲示は不要となる見込みです．とはいえ，火災予防のための適切な装置を備え付ける義務があることには変わりありません．健康安全局に問い合わせるか，ビジネスリンクの助言を受けましょう．

食品基準，環境衛生

食品を製造，運搬，販売する事業であれば，地方自治体の環境衛生部に登録し，食品基準局の規則にしたがう必要があります．所轄の環境衛生部がどこかは，電話帳か，図書館か，ビジネスリンクで調べましょう．

障害を持つ人への配慮

不特定多数の一般顧客にサービスを提供する事業に対しては，障害を持つ人に不利な扱いを行なうことが，法律で禁じられています．設備やサービス内容に適切な改良を加えて，障害を持つ人の利用を可能にしなければなりません．

その他

あなたの事業特有の規制や，監視機関などがあるかもしれません．ビジネスリンクに問い合わせるのがよいでしょう．

販売活動の強化

顧客を獲得することが，今なすべき数多くの事業活動の中で最重要

の課題であることは，先週も触れた通りですが，今週も同じです．販売活動を継続，強化しましょう！

今週の活動一覧
1. 第20週に作った「週間販売活動計画表」に基づいて，必要な販売活動を確実に実行する．
2. 会社用の銀行口座を開設する．
3. 調達先との取引口座を開く．
4. 税務署などに事業開始を届け出る．
5. 関係官公庁への登録など，ほかに必要な手続きを確認，実行する．
6. あなたの事業に適用される法令や規則を確認する．

連絡先
① 内国歳入庁（Inland Revenue）（現歳入関税庁，Revenue and Customs）www.inlandrevenue.gov.uk　電話：0845-915-4515
② 関税局（Customs and Excise）（現歳入関税庁，Revenue and Customs）www.hmce.gov.uk　電話：0845-010-9000
③ 固定資産課税評価局（Valuation Office）www.voa.gov.uk
④ 健康安全局（Health and Safety Executive）www.hse.gov.uk
電話：0870-154-5500
⑤ 地方裁判所（Majestrate's Courts）www.courtservice.gov.uk
電話：020-7210-2266
⑥ 情報保護登録官（Data Protection Registrar）www.dataprotection.gov.uk　電話：016-2554-5745
⑦ 公正取引委員会（Office of Fair Trading）www.oft.gov.uk
電話：084-5722-4499
⑧ 食品基準庁（Food Standards Agency）www. food.gov.uk

電話：084-5606-0667
⑨　障害者権利委員会（Disability Rights commission）www.Drc-gb.org
　　電話：084-5762-2633

今週の標語
最初の顧客に誰がなる？

第23週：株式の発行

> **今週の要点**
> 1. 税務署に消費税（VAT）の登録をする．
> 2. 会社の株式を発行する
> 3. 販売活動を粘り強く継続する！

　今週の重要な課題は，消費税（VAT）関係の手続きと株式の発行だけです．あとは販売活動に専念します．銀行の口座明細や小切手帳，預金通帳も，この週末までには届いていることでしょう．

消費税（VAT）登録

　イギリスの消費税は正式にはVAT（付加価値税）と呼ばれます．年間売上げが，登録義務が生じる基準以下であっても，任意でVAT登録会社となることができます．任意登録するつもりであれば，税務署から取り寄せた案内書類をじっくりと読むことが大切です．その際，以下の点を考慮しましょう．

1. フラットレート・スキームで登録するか，あるいは小規模事業として行なうか？
2. 現金会計スキームでVAT報告を行なうか？
3. あなたの事業は，何か小売業特別スキームに該当するか？
4. 年間会計スキームで登録するか？

これらの点に関しては，会計士の支援を得ながら決定しましょう．税務当局に助言を求めることも，著者は強力に勧めます．あなたに最適な方法は何かという視点から（税収入を増やそうという観点でなく），きわめて親切に相談に乗ってくれます．窓口の電話番号は0845-010-9000です．

> 訳注：日本における消費税関係の手続きは次の通りです．
> - 個人事業主については，ある年に年間1,000万円を超える課税売上高（消費税を受け取った売上高）があった場合，その翌々年に消費税の申告，納税義務が生じる．したがって，開業初年度と次年度は，消費税納税義務が生じない．
> - 会社形態で開業した場合，資本金1,000万円未満であれば，設立初年度と次年度は消費税納税義務がない．資本金1,000万円以上の場合には，所轄税務署に「消費税の新設法人に該当する旨の届出手続」をし，消費税の申告，納税義務を負う．

株式の発行

　株式会社には株主がいます．出資に同意してくれたあなたの家族や友人，その他すべての投資家は，資金を払い込んで株主になります．株主は，払い込んだ金額に応じて会社の財産の所有権（持ち分）を得ます．この所有権を表わすものが「株式」であり，株式会社は，株式を発行することによって資金を集めるのです．今週は，あなたの会社の株式を発行しましょう．

> 訳注：株式は「株券」とは違います．株主であることを示す証券が株券ですが，会社がこれを発行する場合としない場合とがあり，各国の法制度によって異なります．発行する株式の種類，株式発行限度，額面制度がある場合（無額面制度を採用している国もあります）には1株の額面など，詳細は会社の定款で定めます．

会社を設立し，登記した際にさまざまな書類を受け取りましたね．その中に，株券の作成用紙が入っていたはずです．小さな会社の場合，イギリスではこれを使うのが一般的な方法です（もし用紙が見つからなかったら，各種届出用紙を扱っている事務用品店などでも入手できます．自分でパソコンで作成することも許されていますが，その際は，必要記載事項をもらさないよう注意しましょう．株券の見本は，この章の最後に示してあります）．株券は，すべての株主ひとりひとりにあてて作成します．

受け取った書類の中には，定款の用紙も入っていたでしょう．それに，資本金額，株式の発行限度，1株の額面などを書き込みましょう．たとえば，「当社の資本金は10万ポンドとし，額面1ポンドの株式を10万株発行する」などです．もちろん，1,000ポンドを100株でも，10ペンス（0.1ポンド）を100万株でも問題ありません．

イギリスでは，株式は額面株式として発行されます．額面は株券上に記載されているその株券の価格ですが，あくまでも名目的な金額であり，その株券の実際の価値を表わすものではありません．もしあなたの会社の価値が高いと判断する投資家がいたら，たとえ額面が1ポンドでも，それ以上，たとえば1株に5,000ポンド支払うことも可能です（あなたにそんな資産家の叔母さんはいませんか？）．

いくらで買うかとともに，会社の株式の何パーセントを持つかも，投資家にとっては大きな関心事です．あなたの資産家の叔母さんが，投資するからには会社の全株式の10％を欲しいわと伝えてきたとしましょう．あなたはどう対処すべきでしょうか？　そんな場合，あなたの会社は，たとえば10株を発行し，そのうち1株を叔母さんに売り，9株をあなたが買えば，叔母さんの希望通りになります．そうしておいて，叔母さんからは5,000ポンドの払込みを受けるのです（あなたの払込額は，1株あたり5,000ポンドでも，額面どおりの1ポンドで

も問題ありません).叔母さんの払った金額のうち1ポンドは資本金に,4,999ポンドは資本剰余金に算入されます.事業の成長性が高いと判断すれば,大きなプレミアムを払ってでもその会社の株式を確保し,将来の大きな利益に賭ける,そういう投資家も存在するのです.どんな進め方が適切か,会計士と相談しながら決めてください.

> 訳注:日本では,株式会社の株式は無額面です.また,株式会社は「株券」を発行しないことが原則であり,定款で定めた場合に限って発行することができます.

「企業投資制度(英文名 Enterprise Investment Scheme)」という制度を利用することもできます.この制度に該当する企業の株主になると,投資額の一部が納めるべき税額から控除されるという特典があり,投資家,特に証券投資を本業としている投資家にとっては,非常に魅力的です.あなたの会社の投資家を集めるときにも,有効に働くでしょう.

レーシング・グリーンの2人の株主

レーシング・グリーンの株式に関して,エマとアランの間には,持株比率を80対20にするという合意ができていました.しかし,事業開始時期が迫ったこの時になって,エマは,この比率は適当でないと考えるようになりました.2人とも,危険を冒して資本金を出したという点では差がないこと,準備作業にもまったく同じように熱心に関わってきたこと,お互いに相手にない特技を持ち寄って,弱点を補強しあっていること,これらを考えると,アランは40パーセントの持ち分は持つべきだと,エマは思ったのです.エマの持ち分が60パーセントと,それでも20パーセント多いのは,この事業の構想を考えついた生みの親として正当な報酬だと判断したからです.アランが喜んでこ

の申し出を受けたのは言うまでもありません．

　レーシング・グリーンは，額面1ポンドの株式を10株発行し，エマが6株，アランが4株の株主になりました．エマもアランも，4株相当分として，それぞれ2,500ポンドずつ払い込みました．エマの残りの2株は，額面通り1株当たり1ポンド，合計2ポンドとしました．

売ろう！

　すでに述べましたが，今はとにかく顧客獲得のためにエネルギーを集中することが大切です．

今週の活動一覧

1．消費税（VAT）に関する情報を整理する．
2．VAT登録を行なうか検討する．行なう場合は税務署へ出向く．
3．株式を発行する（株券を発行するか否かは法制度による）．
4．「週間販売活動計画表」に基づいて，販売活動をどこまでも継続する．

連絡先

　関税局（Customs and Ecsise）（現歳入関税庁，Revenue and Customs）
www.hmce.gov.uk　電話：0845-010-9000

今週の標語

　最初の顧客に誰がなる？

株 券 見 本

The Companies Act (1985年会社法に準拠)
as amended by The Companies Act, 1989 (1989年会社法により改訂)

Certified Number: _____   **COMPANY NAME:** _____   **Number of Shares:** _____
　　　　　　　　(会社登録番号)　　　　　　　　　　　　　(会社商号)　　　　　　　　　　　　(数字表記株数)

THIS IS TO CERTIFY that _____
　　　　　　　　　　　　　　　(株 主 名)

of _____
　 (株 主 住 所)

is the Registered Holder of _____ Shares of _____ each in the above-
　　　　　　　　　　　　　　　(株式の種類)　　　　　　　(文章表記株数)

named company, numbered _____ to _____ inclusive, subject to the Memorandum and Articles of
　　　　　　　　　　　　(株式番号)　(株式番号)

Association of the Company.
Executed by the Company,

the _____ day of _____ _____
　　(交 付 日)　　　　(交 付 月)　　(交 付 年)

Director: _____ Director: _____ Secretary: _____
　　　　(取 締 役 署 名)　　　　(取 締 役 署 名)　　　　(会社秘書役署名)

(訳注) 券面の文言要旨は以下の通り。
「ここに住所、氏名を記したものは、当社基本および付属定款に基づき発行した、記載した種類の株式、○番から○番まで、株数○株の登録済株主であることを証する。」

第24週：未処理事項を片づける

> **今週の要点**
> 1. 準備作業でやり残したことはないか，確認し，処理する．
> 2. ひたすら販売活動に励む．

未処理事項はないか

忙しい時間を過ごしている間に，ここ数週間ですませておかねばならないことが抜けてしまっている可能性があります．今週はそのあたりをよく点検して，未処理事項を片づけましょう．注意すべき点をいくつか掲げておきます．

- 資金調達面の懸案事項は解決したか？
- 営業開始前に必要な官公庁などへの届け出，登録は完了したか？
- 事業に関係のある法令，規則類は理解したか？
- 調達先との間で口座開設の手続きはすんだか？
- 誰かに何かを送ってもらうことを依頼したまま，まだ受け取っていないということはないか？　催促が必要なことはないか？
- 事業計画と対比して，開業準備の進み具合はどうか？

この1週間は，こうしたやり残した手続きなどをすべて洗い出して一掃する週にしましょう．すべて「今週の活動一覧」に書き出すとよいでしょう．長い表になるかもしれませんが，片づいた項目には印をつけて，ひとつひとつ確認しながら進むことができます．

販売活動

企業相手の事業であれば，どこへでも，何度でも，販売活動に出かけるしかありません．一般消費者が目指す顧客なら，とにかくあなたが事業を始めたことに気づいてもらうこと，製品やサービスを知ってもらい，使ってもらうことです．

今週のエマとアラン

今週，エマとアランは，店舗用不動産の正式賃貸契約をしました．鍵を受け取ったので，内部を清掃し，内装にも手を入れました．

注文して作らせていた装飾兼用の看板が見事に出来上がり，取りつけられました．それは，1920年代のレーシングカーに似せた形で，色は当時のイギリスのＦ１ナショナルチームのチームカラーであるグリーン，運転席にはゴーグルを着けたトマトが座っています．このほかにも，先週末にエマが買ってきた1920年代のレーシングカーの写真と，緑色に塗られた模型のレーシングカーが数多く飾られ，レーシング・グリーンの店に独自の雰囲気を添えることができました．

開店は来週月曜日です．今週は，現在の勤務先での最後の週，エマとアランは昼休みの時間帯を利用して，開店第１週目に行なう，VIPのみを対象にしたスペシャル・ウイークの案内状を届けてまわっています．地元の大手企業も訪問し，パンフレットを持参して，社内の案内板に掲示してもらうよう依頼しています．そのほか，今週の特別ニュースはBBCからの取材です．エマが手際よく記者発表用の資料をマスコミ関係に送っておいたおかげで，今週，地元のBBCラジオ局が電話をしてきたのです．来週，開店日にレーシング・グリーンの店へ行って，そこでエマに取材したいとのこと，内容は，従来タイプのファーストフードへの批判，軽食，持ち帰り食の業界における健康志向の動きについてということでした．

仕入れの手配も進み，調理に使う野菜や果物，その他の食材の第1便は，来週月曜日，開店日の午前8時に到着することに決まりました．店に設置するカウンター，陳列棚，冷蔵庫などの備品類が徐々に整い，店の内部は，だんだんそれらしく，立派になってきました．今週末までには全部設置が終わります．

　さて1週間が終わり，金曜日の夜になって，エマとアランは，最初予定していた外食をやめ，それぞれのボーイフレンド，ガールフレンドを呼び，シャンペンと食事の材料を買いこんで，新しい店でお祝いをすることにしました．エマの魔法の手によって，すばらしいご馳走が作られたのはもちろんです．皆で床にじかに座って食事を楽しんでいると，エマとアランは，2人でなんと多くの準備作業をなし遂げたことかと，信じられない思いでした．そして，まだ限定顧客のみを対象にしたスペシャル・ウィークとはいえ，来週月曜日には，自分たちが夢見た事業がいよいよ始まるのだということにも，まだ実感が湧かない2人だったのです．

起業家の言葉

★ ゼフ・アイゼンバーグは，スポーツ栄養補助食品の「マキシマッスル」の創業者．かつて最優秀若手起業家賞を受賞したことがある．なんでも必ず一覧表にすることの重要性を知っている人物のひとりである．

「私は一覧表人間と呼ばれても仕方ないほど，仕事の手順を一覧表にすることにこだわっている．ほかにこだわりは特にないが，この点だけは，社員全員に真似させるつもりだ．全員が"今日の

> 予定"という一覧表を持つ．そして，毎日，仕事が終わって帰る時に，翌日の業務予定をその表に書き込むのだ．電話をかけるべき用件，会議予定，面談や報告予定と相手先，一番急ぐ仕事などだ．仕事においては，集中することと，順序だてて物事を進めることの両方があって初めて，道を踏み外さずに目的地に到達できると私は信じるが，そのためには一覧表が不可欠だ．」

今週の活動一覧

1. 未処理事項の一覧表を作る．
2. 片づいたものには印をつけて，すべてもれなく完了する．
3. とにかくあなたの製品，サービスを売る．あわせて，会社と新事業の内容を広く知ってもらうよう努力する．

今週の標語

最初の顧客に誰がなる？

第25週：開店，開業，感無量
―初めての請求書を送る

今週の要点
1. 業務開始！　最初の売上げを計上する．

25週目，その時がやってきました．すべての起業準備は終わり，いよいよ，あなたが創業した事業があなたの手によって動き出す，その週になったのです．およそ半年間，毎週，忙しく厳しい準備作業の連続だったことでしょうが，その努力が，あなたをこんなに遠くまで運んでくれたのです．

B to C 事業の場合
最後の注意事項です．あなたの事業が，小売店，レストラン，その他の個人顧客を相手にした事業の場合，個人向けに，特に準備しておかなければならないことがあります．細かなことですが，以下の点には特に気をつけましょう．

1. 釣銭用の小銭を多めに用意する．販売価格に端数をつけている場合（何ポンド99ペンスなど）は，特に注意すべきです．高額紙幣を出す顧客も意外と多いものですから，これにも備えておきましょう．
2. クレジットカードでの支払いを取り扱う場合には，取り扱い手順，機器類の操作などに十分慣れておくことが大切です．

3. 領収書の準備．レジから出るレシートに加え，手書きの領収書が必要な場合があります．文具店で領収書綴りを1冊買っておきましょう．
4. 営業案内のパンフレット．来店客には，あとであなたの店を思い出してもらい，取り扱う商品やサービスの全貌を理解してもらうために，パンフレットを必ず渡しましょう．友人などに回されて，大勢の人の目に触れる可能性もあります．

　最初の頃の顧客にどんな印象を持ってもらうかが，非常に重要だということを理解してください．良いサービスを受けると，顧客は，そのことをなるべく多くの人に話そうとします．今度こんな新しい店を見つけたよ，まだ知らないだろうけど自分は行ってきた，サービスが素晴らしいよ，などと語りたい心理，つまり，新しいニュースを仕込んだことをすごいと思われたい心理が働くのです．これは誰にでもあることです．こうした顧客心理を利用しない手はありません．次のような工夫をしてみましょう．

1. 最初の週（あるいは最初の月でもよい）の来店客に，優待券を配りましょう．常連客として再度来店して利用してくれるか，あるいは友人に渡してくれるはずです．ただし，あなたの営業採算の観点からいえば，優待の内容は，価格を割り引くよりも，何か別の商品をおまけにつける方がよいでしょう．
2. レストラン，コーヒーショップなど，ある種の小売業には，特に効き目の大きいキャンペーンの方法があります．タクシー会社と運転手，美容院のオーナー，ミニホテルの経営者などを招待する特別の催しを開くことです．最上級のもてなしをしましょう．彼らが仕事で接する範囲の，文字通りすべての人々に，あなたのこ

とを口コミで伝えてくれます．
3．地元の有力な人々のグループか，それに連なる人脈に接触できませんか？　各種の有識者会議，女性協会，商工会議所などはどうですか？　そうした組織に直接連絡して，会員向けの特別サービスや催しを企画したいと申し入れてみることが，おそらく可能だと思います．あなたの事業やあなた自身に対して，面白いね，変わっているねといった関心を持ってもらえば，組織の会合での講演などにきっと呼んでくれるはずです．彼らも，特徴のある話し手を探しているのです．

B to B 事業の場合

あなたの事業がB to Bの場合，企業向けに行なってきた，ここ数週間の血のにじむような販売努力が，そろそろ実を結ぶ時期ではないでしょうか．断られた相手は数知れないでしょうが，ここにきて，よしわかった，使ってみようと言ってくれた企業に出会えたものと信じます．

取引の条件は明快でなければなりません．できれば取引内容は書面に残すこと，特に高額の取引や長期取引の場合は，きちんと契約書を作っておくのが賢明です．相手がとりあえず試験的にあなたの製品，サービスを購入するという場合であれば，合意した取引内容を確認するための手紙で十分でしょう．弁護士を使い，費用を払って，取引契約書の書式を定めたり，売買条件明細書を作成したりするのは，顧客側から，最終的にあなたの製品を採用すると通知があった時点でよいと思います．

それよりも，最初からどうしても必要なものがあります．請求書です！　これがなくては，顧客に代金の請求ができません．章末に掲げたような一般事項を記載した請求書用紙を準備しておき，取引ごとに

個別事項を書き込んで送りましょう．

　（一般事項）
1．あなたの会社名，住所，電話番号
2．会社登記番号（ただし国によって異なる）
3．VAT登録済みであれば登録番号（ただし国によって異なる）
　（個別事項）
4．請求日付，請求書番号
5．販売明細，請求額（売上げ，消費税を分けて表示）

　初めての顧客に，初めての請求書を送付する．これほど高揚感を感じる瞬間はないでしょう．請求書を送る時のうれしさは，今後もひとつひとつの取引ごとに感じることでしょうが，やはり初回が一番，これ以上の感激を味わえるのは，顧客から実際に支払いを受けた時だけでしょうね．

　請求書を整理するため，リング式ファイルを1冊用意しましょう．発送済みの請求書の写しを綴じ込み，番号順に上へ重ねていきます．支払われた分は，仕切り用紙の後ろへ移動して，これも番号順に整理しましょう．

エマとアランの開店風景

　週末の頑張りで，店内は備品類がきちんと整い，暖かい雰囲気も出てきました．メニューの作成も終わり，その他，いろいろあった細かな問題点もすべて片づきました．それでもエマとアランは，開店当日の月曜日，朝7時には店に姿を見せていました．興奮と不安を抱えて待っている中，材料の配達車が予定の8時に到着しないという事態が起きました．結局8時15分には着いたのですが，この15分は，2人の

人生でもっとも苦痛な15分となりました．

　材料が着くとすぐ，エマは調理を開始しました．見本用に標準タイプのサラダを作り，顧客が自由に組み合わせて作るサラダのために野菜をそろえ，ジュース類をきれいに並べました．エマの仕事は，8時30分にラジオ局の取材記者の到着で中断され，8時42分，風に揺れる葉っぱのように震えながらも，エマの声は，生放送によって市内の隅々まで送られたのです．

　さて，レーシング・グリーンは11時30分に開店しました．しかし，最初の来店客はすぐには現れず，エマもアランもじっと待ち続けました．緊張が高まり，2人は，11時45分以後は話もしませんでした．12時15分になって，ついに最初の顧客が入ってきてくれました．エマの元の職場の上司でした．元の同僚もひとり一緒で，彼らは，職場の課の全員分の昼食を買いに来てくれたのです．12食分が売れました．ついに最初の顧客を獲得した瞬間でした．

起業家の言葉

★　イギリスのギフト店チェーン「ガジェット・ショップ」の創業者，ジョナサン・エルビッジは，1991年の開業の日に，店の入口の扉を開けた瞬間を，今でもはっきりと覚えている．

「われわれの店は新しいショッピングセンターの中にあった．開店15分前，外には来店客の長い行列ができていた．そのうち，私が採用した店員のひとりが，突然「小銭！」と叫んだ．「レジにお釣り用の小銭が入っていませんよ．」私は，小銭のことなど考えてもいなかった．起こりうる複雑な事態に備えて，万全の準備をしてきたはずだったが，まったく単純なことを忘れていたの

だ．あわててショッピングセンターを飛び出して銀行に走り，戻って，最初の大事な顧客に渡す釣銭が，ぎりぎり間に合った．」

★ 開業後，事業が回転を始めるまでに，かなりの時間がかかることもある．エスプレッソを中心としたコーヒー店のチェーン，「コーヒー・リパブリック」の場合がその一例だ．共同創業者のひとり，サハー・ハシェミはこういっている．

「3月に開店して，その月の月末にはもう，この事業はうまくいかないのではないかと深刻に考えはじめていた．週の売上げは200ポンド（約4万円）しかなかった．ところが，4月に入ると様子は一変した．気候が良くなり，人々は外へ出歩くようになり，私たちのコーヒーショップへの来店客数も増えてきたのだ．ちょうどその頃，新聞がわが社を小さくではあるが取り上げてくれ，そのことも幸運として働いた．」

今週の活動一覧
1．最初の顧客から，最初の売上げを獲得する！

今週の標語
次の顧客は誰だろう？

第25週

請 求 書 見 本

○○○○株式会社（あなたの会社名）または 会社ロゴマーク

顧客住所：

顧 客 名：　　　　　　　　御中

部署・担当者名：　　　　　　様

請　　求　　書

請求書番号（注：必ず連番にすること）：　　　　日付：

　製品またはサービス販売額（単価×個数）：

　出張実費：

　その他経費：

＜小 計＞

　消費税（VAT）：

＜合 計＞

上記の通りご請求申し上げます．30日以内にお支払い頂きたく，よろしくお願い申し上げます．

小切手でお支払いの場合：名宛人は○○○○株式会社にてお願いいたします．

ご送金の場合：下記口座宛お願いいたします．

　銀 行 名：　　　　　　　　　　支店名：

　金融機関コード：

　口座名義：

　口座番号：

あなたの会社の住所：

あなたの会社名（注：個人事業主であれば個人名）：

電話番号：

会社登録番号（注：イギリスの株式会社の場合）：

消費税（VAT）納税番号（注：イギリスでVAT登録済の場合）：

第26週：前進，前進，ただ前進
― 6つの「継続」

今週の要点
1. 前進し続ける．
2. 開業記念行事を行なう．
3. 常に学習し，休むことなく業務の改善を続ける．

今，あなたは起業家の仲間入りをしました．6か月間のひたむきな努力が実って，自分の事業を立ち上げることに成功したわけです．心からおめでとうを言いたいと思います．

さて，次にやるべきことは何でしょうか？　それは，前進，前進，絶え間ない前進を継続することです．特に，次の6つの「継続」，英語でいうと6つの「Keep」が大切だと心に留めておきましょう．

販売活動の継続（Keep selling）

ここまで本書を読んできたあなたには，著者がまた販売努力の重要性を強調するだろうと予想できたことでしょう．その通り，これからも，販売努力の継続はもっとも重要な活動です．常に新規顧客を見つけ，売上げに結びつけましょう．

顧客満足の継続（Keep customers）

あなたの製品やサービスを試しに使ってみようという顧客が現れた時，あなたの事業は，成功への障害物のうち，もっとも大きなものを

乗り越えたことになります．高品質の製品，優れたサービス，それらに作り手や提供者の愛情を込めて（この点は前に触れたので覚えていると思いますが），常に高い満足を顧客に与え続けることです．そうすれば，一度使ってくれた顧客が繰り返し購入してくれるはずです．

学習の継続（Keep learning）

成功する起業家は皆，常に何か新しいことを学んでいます．業界で用いられている新技術についてはもちろん，今すぐに役立つというよりは将来の事業発展につながるかもしれない先端技術開発の動向や，革新的な事業経営方式についても研究を怠りません．あなたにも，専門誌を購読し，書物をたくさん読み，新聞に丹念に目を通し，経済，経営関係のセミナーや各種の催し物に数多く出席することを求めます．

正しい事務処理の継続（Keep records）

使った費用を証明する領収書類，発送した請求書の写し，顧客に渡した売上げレシートの写し，その他にも法令で保存期間が定められた書類がいくつもあります．正しい処理を継続し，正しい管理を継続しましょう．

現状 vs 事業計画書：対比の継続（Keep checking）

事業の進展は当初の事業計画と比べて進んでいるのか，遅れているのか，月に1度は確かめる必要があります．計画通り正確に進めることはまず不可能だとしても，どんなずれが生じているのか，なぜそれが生じたのかは，きちんと理解しておく必要があります．それによって，軌道修正のためにはどんな意思決定が必要なのかがわかるからです．

前進の継続（Keep going）

あなたの事業は，これからも必ず，経営上のむずかしい局面に数多く遭遇します．保証してもよいくらいです．しかし，事業経営者はマラソン走者のようなものです．途中で苦痛に襲われようとも，それを突破しなければゴールにたどり着けません．ただただ前進，立ち止まらずに前進しましょう．

もうひとつ，交流の継続も追加しましょう（Keep in touch）

著者は，読者の皆さんの起業活動を支援できたことを，大きな誇りと感じています．今後も，著者のウェブサイトを通じて交流しましょう．あなたの起業活動が個性的なものである場合には，本書を改定する時に，事例研究として取り上げさせてもらうかもしれません．それが，あなたにとっての広報宣伝効果を生めば，大変うれしいことです．

なお，著者の次の本は，立ち上げたあとの事業をいかに管理，運営するかを主題にして，2005年春に刊行する予定です．

（訳注：2006年2月に *Small Business Handbook.* (Prentice Hall) として刊行されました．）

ではもう一度，あなたが達成した偉大な起業活動の成果に敬意を表し，今後の一層の成功を祈ります．

レーシング・グリーン，大空へ

エマとアランにとって，こんなに疲れた1週間を経験したのは，生まれて初めてのことでした．本当にみっちりと働きました．毎日交代で，ひとりは8時に店に出て材料の配達車が到着するのを待ち，もうひとりは9時に出勤するという勤務体制をとりました．それからサンドイッチの調理にかかり，11時半に店を開けました．昼食配達の注文

が舞い込み始めてからは，10時半から12時の間はアランは店にいられなくなりました．来店客数もすでにかなり伸びてきて，12時から1時半の間はかなり忙しくなりました．店を閉めるのは2時半，片づけをすませて，その後は，2人で近くの会社などを回って，ビラやポスターや優待券を配りました．店に戻るのは5時，アランは売上げの計算と事務処理に没頭し，エマは宣伝用のパンフレット類をデザインし，近所のコピー店で印刷，その間，新しいメニューも考えました．すべて終わるのは，どうしても夜の8時か9時になりました．顧客であるビジネスマンが少ない土曜日は休業日とするはずでしたが，2人とも，やり残した仕事の片づけや，事業運営が計画に沿って進んでいるかの点検作業があって，結局1日中つぶすはめになりました．

　レーシング・グリーンの第1週の売上げは，パンフレットとポスターの効果が出たおかげで，2人の予想を上回るものとなりました．
　もうひとつ予想外だったのは，地元の「ビジネスウーマン・ネットワーククラブ」という団体へ出かけていって実施したケータリング・サービスの費用が，予想以上にかかったことでした．それは，せっかくの宣伝活動の機会なのだから，提供する食べ物にはとことんこだわろう，質の高いものを出そうという方針をエマがとったからでした．エマは，こう言ってアランを説得しました．「こういうクラブのメンバーをうちのファンにできたら，効果は絶大よ．メンバーが固定客になってくれるだけじゃなくて，幅広い人脈を通じて誰にでも宣伝してくれるわ」と．
　経理を預かるアランにしてみれば，大きな費用自体も，宣伝効果の程度も心配でした．しかし結果は予想外の大成功，エマは名セールスウーマンぶりを発揮し，参加者全員から，翌日の昼食配達の予約を取りつけたのです．

こうして，第2週が終わる頃には，エマもアランもこの事業の将来に大きな自信を持つようになりました．そして，初めて人材を採用することも検討し始めました．エマのサンドイッチに対する顧客の評判は高く，繰り返し来店してくれる固定客は増えていきました．

　ふり返ってみると，自分の事業を起こすにあたってエマとアランがしたのは，まず，事業という凧を揚げるための風の方向，すなわち，顧客ニーズはどちらの方角からやって来るかを測ることでした．心に描いたビジネスアイディアを現実の事業にまで高めてくれる，そんな順風が吹いているのか，確かめることから始めたのです．その2人は今，起業家として大空高く舞い上がろうとしています．

今週の活動一覧
1．継続的に前へ進む．
2．著者の運営するウェブサイト（www.flyingstartups.com）に起業家が交流しあうコミュニティがあります．引き続き情報交換しましょう．

連絡先
①　www.flyingstartups.com：著者が運用する起業家向けのウェブサイト．訪問歓迎．
②　steve@flyingstartups.com：著者のeメールアドレス．

今週の標語
100万人目の顧客は誰だろう？

（完）

訳者あとがき

 本書は,2005年3月に刊行された *Start Your Business Week by Week: How to Plan and Launch Your Successful Business.*(ペーパーバック版)の邦訳です.

 著者スティーブ・パークス(Steve Parks)は,イギリスで注目される若手起業家のひとりで,ビジネス関連の出版社を経営するかたわら,講演やインターネットを通じて,広く,起業を志望する人たちへの助言,指導活動を行なっています.したがって本書は,現役の起業家によって書かれた起業指南書であり,著者自身の体験を踏まえたきめ細かな説明は,わかりやすく有益で,事業を立ち上げようと考えている読者にとって,きわめて実際的な参考書となるものと信じます.

 今,わが国の就業環境は劇的に変化しています.終身雇用制のような,企業における固定的,安定的な雇用制度は崩壊し,転職が特別なことでなくなる一方,派遣社員などの非正規雇用形態が増加して,社会全体として労働力の流動化,雇用の不安定化が進んでいます.格差意識の高まりも指摘されています.

 こうした中で,人々の価値観や働き方も必然的に多様化しており,それにつれて,「雇われない生き方」を目指す,起業という選択肢が,ますます重要かつ実現可能なものとなってきています.起業の事例は,経験を積んだ技術者や営業担当者が,企業を飛び出してみずからの会社を立ち上げるばかりではありません.進化した次世代インターネットの世界を楽しむ若者が,子育てにゆとりが出た女性が,退職後の生きがいや収入の途を模索するサラリーマンが,それぞれに,身近な問題や変化を好機ととらえ,独自性豊かな構想を持って,会社やNPO

の形で事業を立ち上げているのです.

　活発な起業活動は，経済の革新と活性化を推進する手段として，また，地域振興の有力な手法として認識され，政府によって，さまざまな支援策や制度の整備が試みられてきています．またベンチャーキャピタル，コンサルタント，ボランティアなどによる，有償，無償の起業支援サービスも充実してきました.

　スタート・ユア・ビジネス！　次はあなたの番かもしれません．本書が，読者であるあなた自身の起業活動に，いささかなりとも参考となり，力となれれば，訳者としてこれに勝る喜びはありません．

　なお，原著では，主として著者の母国であるイギリスの事例が扱われています．制度面などで日本と著しく異なる場合や，日本ではなじみのないウェブサイト，企業名，役所名などもありますが，読者の実務や研究に役立つものと考え，煩雑気味になることをいとわず，あえて全部訳出しています．なお，適宜必要と思われる訳注を加えて，日本の事情などを簡単に説明しています．

　最後に，本書の出版に際して，学文社の田中千津子社長には，翻訳の環境を整えていただき，あたたかく力強いご支援を賜ったことに対し，この場を借りて改めて厚く御礼申し上げます．さらに，きめ細かな編集校正を進めていただいた学文社編集部スタッフの皆様には，心から感謝申し上げます．

2007年3月

田中　延弘
今村　哲

スティーブ・パークス（Steve Parks）

　イギリスの若手起業家．ビジネス向け書籍とオーディオ教材（CD，テープ）の出版社，レッド・グループ（The Red Group）の創設者．記者，レポーター（ラジオ）としてBBCに勤務後，25歳で同社を設立．本書執筆時は32歳で，レッド・グループの経営のほか，寄稿や講演を通じて，起業に関する啓蒙活動を展開している．「イギリス起業家協会」（www.ientrepreneurs.co.uk）設立の中心人物のひとりでもある．

　本書は，著者の現実の起業体験を反映しており，徹底した取材と調査，滑らかな語り口も加わって，起業志望者にとっての魅力的な必読書となっている．

訳者紹介

田中　延弘（たなか　のぶひろ）
　事業創造大学院大学教授
　一橋大学商学部卒，スターリング大学大学院経営学研究科起業論専攻修了
　専攻　起業論
　著書　『遥かな町のやさしい人々』新風舎　2003年
　　　　『ベンチャービジネス』（共著）学文社　2006年

今　村　　哲（いまむら　あきら）
　拓殖大学商学部教授
　明治大学大学院政治経済学研究科博士前期課程修了
　専　攻　商品戦略論・中小企業論
　著　書　『新中小企業論』（共著）白桃書房　1996年
　　　　　『中小企業論新講』（共著）白桃書房　2000年
　　　　　『ネットワーク社会の経営学』（共著）白桃書房　2002年
　　　　　『新事業創造論』（共著）東洋経済新報社　2003年
　　　　　『ベンチャービジネス』（編著）学文社　2006年
　論　文　「地域商業と街づくりに関する実証的研究」拓殖大学経営経理研究所
　　　　　『経営経理研究』第63号，1999年
　　　　　「わが国の小売業の規制に関する研究」拓殖短期大学創立50周年記念
　　　　　論集2001年
　　　　　「地域商店街の活性化に関する実証的研究」明治大学政治経済研究所
　　　　　『政経論叢』第73巻第3・4号，2005年

スタート・ユア・ビジネス！
―起業の夢を実現する26週間

| 2007年4月10日　第一版第一刷発行 | ◎検印省略 |

著　者　スティーブ・パークス
訳　者　田　中　延　弘
　　　　今　村　　　哲

発行者　田　中　千津子
発行所　株式会社　学文社
〒153-0064　東京都目黒区下目黒3－6－1
電話 (03)3715-1501(代)　振替 00130-9-98842
http://www.gakubunsha.com

落丁・乱丁本は，本社にてお取り替えします．
定価は売上カード・カバーに表示してあります．
Printed in Japan　　　　　　印刷／東光整版印刷㈱
ISBN 978-4-7620-1684-4